種畫的人

我在黃土高原，
革自己的命

廖哲琳

目錄

第三章——紅紅火火鬧人間

第四章——今晚乾了明再見

[序]

於是，我也被自己給感動了

十二點了，我拉上了村莊裡的最後一盞燈。狗在窯頂上咆哮，吠著遠處的敵人。黃土高原上的千溝萬壑，頓時拖長了層層疊疊的尾音。我打開了木門，走到窯洞外面的院子，在漆黑的角落，蹲著撒了一泡尿。抬頭一看，夜空中灑滿的星星也在一閃一閃地看我。我全身瑟縮衝回窯洞裡，縮了一下屁股，打了個冷顫。

「滿天星星一顆明，天底下我就挑下了妹妹妳一人。」

不自覺地，我哼出了這首陝北民歌。灰沓沓的陝北人，感情卻是火辣辣的愛恨分明。而我對這片土地的熱愛，不知不覺竟也走過了四年。

陝北民歌，通稱為「信天遊」。信，不是信仰，而是隨興，隨心所欲。黃土地的農民，在一塊山套著山望不著邊的土地，為了宣洩心中的苦悶，信口吼出他們與天同遊的渴望。回想起當年哲學研究所一畢業，我就像是個讀書機器，學了滿腹空洞的理論，生活卻是一片空白。因為怕被冠上不食人間煙火的惡名，畢業後我也試著「混入社會」，在補習班、記者、業務與各類兼差工作上日夜奔波，昏天暗地，卻意外發現社會不過是另一所「大哲學院」。不論走到哪裡，總是兜售著一套套的價值觀、成功學、人情世故和人生哲理，總是有

土地上的畫 油畫 60X80cm / 2014

一個個「你應該怎樣怎樣」的聲音要試圖綁架你。而我自己的生命又是什麼？

工作、焦慮、休閒、麻痺。明明已是「面對現實」，卻始終沒有一種切身的真實感。世界像是一個二手的世界，你身在其中，卻覺得離你非常遙遠。看著別人的生活路子總結得再美再好，就像一座富麗堂皇的宮殿，不是你的，一走進去只會滑倒。我是一個不怕髒不怕苦的人，寧願赤腳把地踩好，也不願穿高跟鞋走在光鮮亮麗的大道。這種想法盤旋了很久，偶然間我翻閱到一本石魯的畫冊，發現了他筆下的陝北，這塊寸草不生的遠古蠻荒之地，卻也誕生了翻天覆地的紅色革命。荒蕪裡開鑿奇蹟。於是我想著到那裡，鬧革命。

革命，這回不是革階級的命，而是革自己的命，革虛假不實的命。就是這樣幼稚可笑的想法，讓我帶著一本地圖，幾本能塞在口袋裡的小學生畫畫本，和一股不知天高地厚的傻勁，獨自一人闖進了這片黃土地，並且在還不太明白「延安革命聖地」是什麼的情況下，就被畫家介紹到一個叫「魏塔寫生基地」的偏遠農村。

全新的我，全新的地方。蹲茅坑，不能洗澡，這還算是小事。更要命的是，來到這裡就是要與五湖四海的大陸專業畫家一起畫畫，與勞動人民「同吃同住同勞動」。畫家把你當畫家呢，而村裡的老婆老漢都當你是當年的北京小知青呢，總得拿出本領吧。於是，根本來不及「適應」，事情就這樣一直來一直來，睡炕，吃大鍋飯，幹農活，扛畫箱外出寫生，步步都是臨場上陣，真槍實彈。

就這樣，才剛出發「流浪」，連放風的時間也沒有，就開始了一天數十張速寫，牛馬般的勞動。都說人是被逼出來的，身為「零基礎畫畫菜鳥」的我，不管三七二十一，搞起了

「土法寫生」，用自己老實的笨方法，走到哪畫到哪。沒有功勞也有苦勞，像這樣天天手不閒著在畫畫，該算能撐得起畫家的名號吧。

只是吃苦歸吃苦，私底下，我又為自己能有這樣的鍛鍊大感榮幸。記得過去在城市裡練畫畫時，不論在公園、捷運、大街上，我總要偷偷摸摸掏出口袋裡的本子，偷窺著來去匆匆的人群。但是在這裡，畫畫是這樣光明正大啊。這無疑就像發現了一片新大陸。試想，大太陽底下明亮燦爛的黃土高原，就是我的大畫室；而地上行走的老婆老漢和牛驢羊，無非都是我的模特兒！

這是一群自在的農民，在樹下如牛驢般坐臥。他們曾自嘲自己就像牲口，「就比牲口會多說一些話」。他們和城裡人不一樣，彎腰駝背揪成一團，土裡土氣，兩眼乾巴巴瞅著你看，並且壓根不管你怎麼畫他。看著這群渾圓如土豆的老婆老漢坐在樹下拉話、摳腳、挖鼻屎，那下翻的厚嘴唇，那直面撲來黃滋滋的一排大門牙，憨傻粗野，生猛帶勁，總是讓我看傻了，畫筆按捺不住激動，只管嚓嚓嚓地一畫再畫。這樣忘情不是為了什麼土地情結，只因他們是第一批啟蒙我畫畫的模特兒，而我笨拙的手用來捕捉他們樸實的身形，竟是如此地投緣。

黃土在臉上刮，畫筆在布上畫。農民在地裡揮舞鐮刀，我也在一筆一畫收割我的畫。「飯又吃不窮，炕又睡不爛，妳就踏踏實實待在我們家。」我的房東老蔣是個憨厚的陝北老漢，總是咧著一口牙，樂呵呵地說。而我確實也就這樣待著，一心想用陝北的粗野厚實，把我那無病呻吟的文青性格，鍛鍊成一個有血有肉有擔當的知青。颳大山風時，我學會了拔野草自製繩索，綁石頭固定住畫架；下雪天，我學會了帶饅頭與打火機出門，就地拔黃蒿草生火，烤饅頭墊肚子。這也是青年人創業啊。

寒來暑往過了四年，一天又一天，把自己曬乾在高崗上與小草為伴，把畫筆扎進混亂不堪的調色板裡，這一切有什麼意義？無數的夜晚，我也曾自問過。只是回頭看著滿屋裡的畫，留下的是生活一道道高濃度的印記。每個當下，就像赤條條來到這世上，認真純粹地要生活，如飢似渴地要把生活搬到畫布上。我是這樣一個執拗的傻子，喜歡一件事，總要把它「吃夠吃透」。既然上天在我青春之時給我出了一道題，不甘交白卷的我，只能像農民一樣，把畫畫當種田，一張一張把它種滿種好。想一想，人生裡頭能有多少個第一次，對自己曾有的摸索，全然不抱一絲的懷疑？

在外人看來，天地之大，而我居然揮霍四年寶貴的青春，把自己鎖在一個世界的死角。但青春無悔，我只遺憾自己沒把陝北那山那人的樂天與堅忍刻劃得更加徹底。身處於聯合國評定為世界上最難以居住的惡地之一，頑強的他們卻像一頭倔驢，迸發出頑強的生命力。剪紙、民歌、腰鼓，他們用大紅大火的藝術，把一粒粒貧瘠的黃沙冶煉成一顆顆耀眼的金子。原來，生活不是用問的，生命意義是需要開墾的。面對一張生活的畫布，你可以選擇用什麼方式，去畫它、銘刻它、印證它、致敬它。

仰望夜空，天空像個大頭蓋，滿天的繁星，像是一片片花白的頭皮屑。我們畫家曾經組成了隊伍，在山裡夜遊。大概下了山坡沿河岸走到某棵大柳樹邊，手機會開始有移動數據的信號。微信聲、短信聲，噼哩啪啦響。一路上，沒有車，只有狗在叫。畫家們都說，拋家棄子來這裡畫畫，真好。於是我們霸氣地決定要倒著走回去。一時間，天地顛倒，腦袋裡那套

窯洞裡的老吳 油畫 40X50cm / 2017

平衡感都不管用了，只能把腳慢慢地踩好。一個畫家想起了《立春》這部電影，一心一意想當歌劇家的女主角，資質平庸卻又不甘平庸地咧著大齙牙說：「我被自己給感動了。」

是啊，被自己感動。亮麗的城市，學術的象牙塔，難道不比黃土高原上的空氣還要稀薄？蹲茅坑，不能洗澡，蔣嫂對我說：「小廖啊，我們農村條件不好。」但是我卻覺得這裡具備一切條件。避開瑣碎的人情世故，別人無謂的眼光，心不累。一天生活費四十元[1]，愛咋畫就咋畫。天底下有這麼好的事嗎？既然喜歡，就要當仁不讓，以自己的方式，開天闢地。

我不酷，我不知道其他更炫的方法，我只會蠻幹。既然如此，那就用自己的土方法，向生活致敬。

是革命，而非旅行，早在一開始我就給自己選了這麼一條難的路。我知道我寫得不好，畫得幼稚可笑，而我去的地方有太多沉重的歷史包袱，說不好也畫不好，但是，我是這樣努力地在嚮往崇高。

走出第一步是難的，但更難的是走好接下來的每步路。記得村裡一個老婆婆納悶地問：「你們畫家，為什麼要千里迢迢來我們這破地方，畫這些山呀、人呀、驢呀、媽呀？」而別說村裡的老頭不能理解了，身為文明人，又有誰真正能理解這樣虛無縹緲的「藝術夢」？說的人只敢小聲說，只因它聽起來總不如貢獻社會服務人群的夢那樣冠冕堂皇。唯獨作夢的人覺得它是這樣地真實，比現實還真實，甘心為它做牛做馬，為的是在裡頭妳才能光明正大當個瘋婆子，毫無保留坦露自己的心跡。偶然黃土大風一颳，那些費心雕琢的寫生油畫扣倒在地上，沾滿了濕淋淋的雞屎。去你的，誰說英雄不能灰頭土臉？在這標新立異的時代，學會把屎把尿，接受生活的樸素，難道不算革命嗎？

從窯洞窗格望出去，細數這些走過的日子，真正讓我感動的，無非就是這些「山呀、人呀、驢呀、媽呀」。在這平凡的一晚，它們正靜靜地窩在星夜的臂膀裡。滿天星，我知道這代表明天天氣晴。瞇起眼睛，我也被這樣感動的自己給感動了。

1. 本書金額皆以人民幣計算。

第一章

太陽底下轉一圈

太陽底下轉一圈

早晨起來，太陽還只是一抹橘色的光線，淺淺地掃過群巒疊嶂的黃土高原。山底下是一具冰封太久的屍體，凍得發紫發白。誰知一個眨眼，太陽就給這片高原打了一劑強心針，讓那僵硬的血液再度甦醒，流到每座山坡，每寸土壤，每棵樹上，每戶院子，直到它奔騰成一首歡快的歌，流過身體裡的每一個細胞。

此時，忙了一上午的農村人開始緩緩走出來，到鄰家院子串門，拉起了東家長西家短。我本該去畫畫，但此刻也難擋太陽的熱情，懶洋洋地和村民坐在院子裡的沙發上，閉起了眼睛。紅紅的，體內的每一根血管都在湧動，讓我煥然一新。

我眼睛半張，跟坐在隔壁的老吳拉起話來。老吳今年七十歲了，個頭很小，不論說什麼總是咧嘴而笑，像個小孩。六年前他開始進城打工，在網咖做掃廁所的清潔工作，積攢了六萬元，準備回村裡養老。結果回鄉時，大風一吹，一扇門打到他的胸口，讓他跌下了平台，摔斷了腿，醫藥費剛好付了這六年積攢的六萬塊錢。

這幾天老吳的腿裝上了釘子，拄著枴杖，但是他始終樂天自在，除了在院子前重新修好一片菜園，種上小黃瓜和番茄，他也仍然成天笑容滿面，到我窯洞裡串，身為我畫畫最忠實的粉絲，他總要樂孜孜地看我有沒有生出啥新作品。在他眼裡，太陽底下一切事物都是美的好的。我想不透這樣一個人是不是真沒什麼陰暗面，還千方百計想讓他說出生氣或難過的事。但是老吳偏偏就是沒有，唯一遺憾就是老婆已去世十二年了，他會想著吃老伴做的菜。也許只是做為感嘆，我隨口問了一句：「老吳，你說人活在這世上有沒有意義啊？」

「人一輩子活著，就是在太陽底下轉了一圈。」像往常一樣，他依然笑嘻嘻地，答得這樣不假思索。大太陽底下，我卻不禁琢磨了半天。

是啊，都說太陽底下無新鮮事，人忙來忙去一場空。辛辛苦苦一輩子，世界又毫不留情地把你打回原點。但哪怕土地再貧瘠，太陽仍然升起，慷慨地眷顧每一位子民。當他們咧開笑容，黃刺刺的牙齒也就開出了一朵朵的向陽花。

懶洋洋地坐著，這太陽很真實。就連影子也很純粹，不黏黏糊糊。啥也不想，哪怕是轉一圈，也要面朝太陽走上一回。

像「饃饃」的山

奔著一顆革命的心，我來到了陝北。印象中，黃土地該是一首盪氣迴腸的史詩，讓人脫胎換骨。只是，真正到此地，卻讓我摸不著頭緒。

通過一個西安的畫家介紹，我得知陝北有個「魏塔寫生基地」。只是，「魏塔」究竟在哪裡，我不知道；撥通了接待人「老蔣」的電話，他則說了半天我聽不懂的陝北話，全是「咕嚨咕嚨」的。於是，我只能硬著頭皮在延安市客運站找了半天招牌，最後找了一個和「咕嚨」相似的「樓」字鄉村客運，跌跌撞撞地被甩進樓坪鄉，然後請一個在鄉政府上班的年輕人騎摩托車載我上來。他的老摩托車還帶個後備箱，這讓我連著大背包被卡在箱子左邊，整個人斜著往左掉，幾乎是被拖著上山的。

摩托車在黃土上跑，我在黃土上看。嘟嘟嘟的摩托聲，捲到臉上的塵土，還有越走越深的山路。新奇的事物讓我的眼睛不聽使喚，讓我忘記這天還是寒冷的大過年。這一座座的黃土禿山連成一塊，不高不大，寬寬胖胖，好像一個個在蒸籠上的黃饅頭，要不是路旁的槐樹點綴，真覺得這裡再沒有別的其他顏色了。我忽然發現自己被帶進了一個鋪天蓋地全是黃饅頭的童話世界，它們沙沙麻麻，似乎是剛蒸出來的。那山不像是人們所說的震撼人心，反而帶著可親的溫度。

魏塔全景（上）　油畫 50x80cm / 2012

地裡的老吳（右）　油畫 30x45cm / 2015

一圈圈的饃饃山（左）　油畫 64x80cm / 2014

終於，摩托車停在一排窯洞前。我到了接待人「老蔣」的家裡。老蔣是個五十多歲的農民，他對我一笑，告訴我把背包放在最中間的窯洞。我開始納悶他們說的寫生基地在哪裡，不會是找錯地方或是被騙了吧。沒有人來畫畫，沒有人告訴你在哪裡畫畫，住一天要多少錢，要不要給錢啊。只是，心中暗暗害怕的同時，又讚許自己的膽子真大，一個人孤身跑到這個在地圖上都找不到的地方畫畫寫生。再說，老蔣的面孔，和眼前這些饅頭山讓我覺得親切。窯洞和山連成一體，有點像孕婦在撫摸自己隆起的肚皮。而底下生活的人，也好像小孩，窩在她的臂膀裡。或許，偉大的奇蹟，就在平凡的眼前吧。

於是，我打開了木門，走進了窯洞。灶上添了柴火，大黑鍋裡冒著滾滾的蒸氣，直捲而上。在外已流浪一個月的我，住過城市裡多少簡陋的招待所，蜷縮進多少寒冷的被窩，走馬看花，只盼尋覓一個安身之處。看到這一幕，我當下知道，我要在這裡住很久很久，我也知道，這裡有我想畫的一切淳樸與溫暖。

睡炕的日子

第一天到陝北，第一次被通知要睡炕，而且是和老蔣的太太蔣嫂睡，在我看來都是一件新鮮事。炕對我來說是個全新的概念，從小到大我睡過的床都是帶腿的，小時候的嬰兒車，上學時的上下鋪，家裡的席夢思。但炕沒有腿，它是用泥土砌成的，旁邊再砌一個灶台與它相連，這樣，做飯時的柴溫也會把炕燒熱供人取暖。鍋與炕相連，人一生的基本追求吃和睡就在這二十幾平方公尺的窯洞裡搞定了。

剛開始躺在炕上，會覺得炕很硬，人很薄，有點不相襯，但也有種踏實感，因為它與地相連，根本不會晃動。躺在炕上看天，就像是蓋了層石頭被子。炕不只與地相連，還與整個村子相連，就好像一個大人體有著穿梭如流的血管經脈。而老蔣的院子，正坐落在全村的正中央，三條路的交叉口，相當於全村的心臟。窯背是一條村裡人的必經之路，碰巧石頭牆壁裂了一道縫，有風呼呼灌進來，只要我閉眼靜靜地聽，就能聽到整個村子都在運動。

炕旁，有一條用線拉的燈泡開關。夜裡，把頭朝門，身體像蟬蛹一樣裹進厚棉被裡。一拉線，就是黑壓壓的一片。拉響夜晚序幕的是村子裡咆哮的狗，四面八方吆喝著彼此的地盤。接著，摸黑遲回的牧羊人喊著「啐噓！啐噓！」催促著羊群，留下羊群的趕路聲和脫隊的小羊「咩咩」地叫。夜更深，村口小賣部的人打完牌，贏的哼著酒曲，輸的憤恨不平朝天罵著「你媽的」。直到隔壁窯洞老蔣的鼾聲，午夜後的寂靜無聲，頭旁的酸菜缸底下，傳來大米袋窸窣的聲響。

經過一夜休息，早上的村子又像剛睡醒的人，翻了身，打個哈欠，甦醒的聲音又再度回流了。蔣嫂打開木門哐啷一聲，老蔣提著水桶往外倒水嘩啦一聲，還有牛驢從窯背後走過的踢躂聲，直到一輛通往延安市的鄉村小客運，沿路霸道地鳴起喇叭，爬到了村口。四年的時光，我從和蔣嫂睡到後來有間自己的窯洞，也從蒙頭怕吵變得習慣和愛上這些聲音。每天早上，我會被其中的某個聲音叫醒，靜靜地躺一會兒，傾聽它們的變化，看看魏塔的今天是否如往常一樣新鮮歡快。

然後，我會起身，走出去到院子外的三叉路口，看看早已被拴在樹樁上的牛驢。牠們懶洋洋地躺著，眼睛半閉，偶爾有一隻牛醒了，用臉磨蹭牠的同伴。當我轉過身，回頭看時，老蔣家的屋頂會開始升起一縷炊煙。那從鍋台經由炕的通道飄起的一小撮半白，就像人發出了會心的一笑。

炕上同樂（上） 油畫 60x40cm / 2015

收白菜（下） 油畫 57x73cm / 2015

糞土味的生活氣息

漸漸地，我開始習慣這裡的一切。吃飯要吃「饃饃」、「饅饅」、「窩窩」，綁東西用「繩繩」，裝雞蛋用「籃籃」，扛貨拉水要用「拉拉車」，手機沒電要記得「充電電」，燒好的熱水要裝入軟木塞封住的保溫「壺壺」，出門東走西遊叫「串串」，沿路有老漢在聽收音機相聲說「醜媳婦拜公公」，忘記路怎麼走老婆婆會告訴你「女女，前方的路路望不到頭頭……」

一切像是坐時光機來到了古老渾厚的小人國。根據我的經驗，來了大概三個月，就認得村裡的每一個人；過了半年，就知道每個人住哪裡，誰是誰的親戚這家姓侯那家姓高等等。一年以後，這家共養了幾頭驢和幾頭牛，那條狗是誰家的，也能瞭若指掌。到了第二年，要「把把」的時候，我還可以經驗老到地說出全村的茅坑長什麼樣。

在魏塔村的茅廁中，老蔣家的屬於高級豪華的。它分成男女用磚砌成，每間有四個坑，用牆半掩著，還有磚頭砌出的窗戶可以通風。比它們隱蔽性差一點的是不分男女的獨棟廁所，用化肥袋或牛仔褲做成一個簾子，掀開簾子就是廁所本身，兩塊木板，一個大坑。剛開始我真的蹲不下去，一堆堆別人的糞堆出了小山丘，讓我沒有地方下腳。我會憋尿，想要趕快了事。後來我就慢慢習慣了，還學會「蹲廁所」，觀察廁所裡的一舉一動。哪個牆角多了幾道蜘蛛絲，新長了豆角，哪個糞坑又有蟲爬出來。每當我一走，有一條在外盤旋已久的小黃狗，也會溜進來光顧，看看今天是否能掏到什麼寶。

這種半遮半掩的排便方式，可以呼吸到新鮮的空氣，可以在方便的時候聽到牛驢的叫聲。偶爾有一陣風吹過，屁股感到一陣涼意，還會從心中發出一種愜意的感覺。特別是村東頭有一間廁所，杵在山坡邊緣上的時候，你面前是一片開闊的黃土高原全景。呵呵，城市哪有這種方便的機會，可以讓你在方便的時候欣賞大自然啊。

走在村裡，會有牛驢羊的糞便不定時在路中央等著給我驚喜。牛驢拉屎很爽快，走著走著大尾巴一翹，一坨坨的營養就排泄出來。牛糞呈泡狀，又大又黃又稀，有點像泥；驢糞略濕，結成黑色圓球狀，有點像土。至於羊糞，直接從小屁眼，一粒一粒連珠炮般落下，像是黑色的「正露丸」。這些糞落到土裡，冒出熱氣，總在無盡的踩踏與風吹雨打中混為一體。而陝北人也和他們養的牲口一樣，似乎不會便秘。經常是我在廁所和便秘奮戰得青筋暴露，拉的還只是羊糞等級的結粒乾屎，他們走進來褲子一脫，咕咚一下就搞定了。哎，這是怎樣的一套腸道系統，該是他們和牛驢一樣心寬體健吧。

對於城裡人來說，農村是骯髒的。窗台、地上，都蒙上了一層土，怎樣也達不到城裡一塵不染的地步。但正出於對比，農村長出的生物，卻顯得異常乾淨、聖潔，像是初生小娃白裡透紅的臉龐，又像是立冬蕭條的大地生出鮮嫩翠綠的白菜。同樣地，土和糞是骯髒的，但是在農村，卻是新鮮健康的。在缺水的陝北，當村民抓起一把黃土用雙手來回搓揉，就等於洗了手。然後他們會用這雙手揮舞著鋤頭和鐮刀，開墾出一片片金黃的小米地，接著餵豬，趕羊。土與糞，孕育出一種憨厚的性格，形成一個善良的迴圈。

隨著畫家來得多，這地方也漸漸小有名氣。入口處，有國畫院院長用斗大紅字，立了「魏塔古村落」的石碑。然而村裡人還是那樣自在，在石碑上拴了一隻小黑豬，還在周圍壘上石頭，砌了石牆，圍成豬圈。主人李寶平在裡面放了幾片綠菜葉，一隻雞咚咚咚飛進去與豬搶食。這就是魏塔，我的第二家鄉，大大剌剌，帶著糞土味的生活氣息，卻又無比地真誠厚實。

煮白菜 油畫 60x40cm / 2015

老蔣嗑瓜子

古老的陝北剪紙有「瓜子娃娃」，剪出人的身體，頭用一顆瓜子代替，貼在門上，防瘟疫，保安康。

陝北人招待客人，也喜歡拿瓜子。他們會在晚秋，割下臉大的向日葵，用棍棒打下密密麻麻的黑籽，再用灶上的大黑鍋一炒。我第一次踏進老蔣家，正好是過年期間。他沒有多問，馬上拿熱水壺給我倒水，再搬出一盒用喜餅鐵盒裝的瓜子讓我嗑。

初見老蔣，有種說不上的熟悉感。不像典型的陝北老農滿臉皺紋黑不溜球，老蔣個子不高，身瘦，還有一股孩子般的憨傻。他有兩塊紅得發紫的臉頰，額頭很厚，臉從側面看有些向內窪，看上去有點靦腆內向，甚至還露出一股文質彬彬的斯文氣息。只是內向的外貌下，隱藏著質樸的熱情，就和我一樣。他一笑，就咧出了所謂的「瓜子牙」。一般人是門牙的縫嗑進了一個凹洞，他是用右排牙齒嗑，所以右排靠邊的牙齒幾乎被夷為平地，隱藏在寬厚的嘴唇下。這讓他說話的聲音很混，呼嚨呼嚨的，帶點土味，會把「農村人」說成「蘆筍人」。這點配上他的臉型身色，給人一種綿密渾厚的感覺。

在魏塔村，老蔣是唯一辦起「寫生基地」的接待人。據說在八年前，北京人民大學的一幫畫家自駕遊寫生，無意間路過魏塔，想在天黑前投宿。黑夜裡問遍了村子無人接待，最後只有老蔣的兒子好心把畫家接到他們的窯洞。畫家回到城市，宣傳起這地方民風的淳樸，再頒了幾幅牌匾送到老蔣家裡。此後一發不可收拾，誤打誤撞的老蔣也就順理成章，搞起了寫生基地的事業。

老蔣還有一個與眾不同的地方——他是村裡唯一一戶姓蔣的，這姓方圓千里之外不超過十家。在這對蔣姓有點敏感的紅色革命基地，從小到大村民都用「蔣介石」來稱呼他，讓年幼的他還曾經哭著回家告訴父親自己再也不想姓蔣了。我這次一來，又掀起村子一股恥笑的熱潮。大家「老蔣老蔣」喊個不停，一看到我們同時出現，還說「喔，兩個台灣人來了！」

也許因為這樣，我們就像一對「革命戰友」，有難以言傳的默契。我會在口袋裡裝著一本小速寫本，隨他走村串戶。他知道我愛畫人，常常會刻意和村民嗑瓜子，拖長我捕捉目標物的時間。畫到後來，老蔣還會估算我畫畫的節奏。常常是畫筆一落，他也剛好拉完話了。

還記得一首古老的陝北民歌，是這樣唱的：

一顆瓜子　灰不溜溜灰　那裡邊又有青仁仁呀

牙間咬來　舌尖尖沾　為什麼藏在那裡邊呀

青仁，藏在灰灰的瓜子裡。而灰沓沓的老蔣，就像顆瓜子，裡頭藏的則是像親人般無限的人情。

村民眼中的瘋婆姨和傳奇女畫家

我這一身打扮，出現在民風淳樸的魏塔村，還真有點奇怪。一身從老蔣那裡借來的石油隊鑽井工制服，臃腫的大紅棉襖棉褲，戴上一頂我從台中老家摩天嶺果園帶來的客家農婦帽，蒙著臉露出兩隻眼睛，再穿上紅色羊毛襪，配上一雙毛茸茸的紅色大花室內拖鞋，穿梭在山裡村間。論性能，防曬防雨防水防凍防刺防油畫顏料防沙塵暴，絕對是長期經驗總結出來的無敵神備。但是在一身黑衣的老鄉眼裡，看來不免刺眼。

首先是那頂帽子的造型。妳是日本人嗎？不是，台灣的。喔，我看那像小日本的軍帽。那妳是國民黨派來養蜂的？不是，畫畫的。喔，台灣畫畫娃娃，戴個帽像採蜜的。多大啦？三十了。三十歲，能給了嘛！人活下就為了生娃了。不生娃頂啥呢？像妳這樣生下兩個娃多好！（旁邊插來甲）唉，人家要嫁就嫁好的。（旁乙）嗯，那就嫁幹部嘛！

老鄉這樣的熱心，還幫我安排了終身大事，常搞得我很不好意思。為了拉近彼此距離，我常常跟村民混在一起，對畫風景倒也沒啥興趣了。那是火燒的夏天，牛驢臥倒，懶懶地曬著陽光。一棵大槐樹底下，是村子的八卦集散地。村民也像牲口一樣，彼此挨著、坐著。我聽著他們拉話，然後搬出油畫箱，畫著老鄉一張一張的臉。我沒什麼油畫底子，也不敢叫他們一動不動當我的模特兒，就趁他們拉話之間短暫的放空，抓緊捕捉他們的面貌。

由上至下，由左至右

兩隻羊羔叫媽媽　墨、蠟筆 38x26cm / 2015

掏下苦菜能和麵　墨、蠟筆 38x26cm / 2015

逮隻山雞過大年　墨、蠟筆 38x26cm / 2015

糞土味的生活氣息　墨、蠟筆 38x26cm / 2015

迎面走來賈老漢　墨、蠟筆 38x26cm / 2015

載著羊去兜風　墨、蠟筆 38x26cm / 2014

就像老鄉說的，「窮人好打交道，怎麼都能行。」他們拉話，不自覺地摳腳、搔癢、挖鼻孔，並且兩眼直愣愣地向前，乾巴巴地瞅著你看。他們是自然中的自然，是活生生的模特兒，憨傻粗野，生猛帶勁，不靠形象而活，聊起話也沒有「請」、「謝謝」、「你好」、「對不起」。這種自在傳染給我，讓我也顧不了自己的蓬頭垢面。一切只管死盯——那下翻的厚嘴唇，那直面撲來黃滋滋的一排排大門牙。這樣真誠直率又給力的「非物質文化遺產」，再不畫下來，地球上稀有的人性基因又要少掉一塊吧。只是我功力不是太好，他們圍在我背後，說我把老婆畫成「魯班爺」了。

他們問我在什麼「單位」，我傻傻回答不上，問我一張畫能賣多少錢，我想半天也不知怎麼回答。在他們口中，我被稱呼為「台灣畫畫娃娃」，只是私底下，他們應該管我叫「瘋婆姨」吧。還好這時老蔣就會跳出來，跟村民拍拍胸脯說：「小廖是在幹自己的事業。」

是的，我這是在農村創業，從無到有開創我的繪畫之路啊。不過，創業得拿出真本事，這點三腳貓的功力實在上不了檯面。我只好加緊練習，晚上回窯洞再拿出自己拍的照片搞臨摹。所幸陝北人天生厚道，看我出現，就叫我畫這畫那，讓我臨陣上場磨練磨練。常常一夥人在聊天，看見誰吃相難看，誰褲襠開了，為了要「陷害」他，就指使我：「畫畫娃娃，趕快把這老漢畫起來！」

每隔五天，魏塔村民走五里的路，到鎮上去趕集。集上紅火，賣青菜水果、賣豬賣驢、賣鍋碗瓢盆、衣服鞋子，還賣麻衣相書老望遠鏡，像台灣鄉下的星期六夜市，還有小販在幫老人裝假牙。突然我被拍了一下，一個老漢對我說：「畫畫的，給這老漢畫一張！」旁邊的人湊上前去，惡作劇翻了翻那老漢的嘴，原來他已經沒牙了！

剎然間，我被推上了「街頭藝人」的路。眾目睽睽下，我也只能硬著頭皮畫。幸好那嚴重發抖的手，用鉛筆一陣亂撇眼前這老漢四面迸出的亂髮，還意外營造了一股瀟灑的神氣。我和老漢大眼瞪小眼，同是無辜的難兄難弟，只好彼此傻笑。只見他咧嘴一笑，嘴裡露出空蕩蕩的黑洞，彷彿給我一記棒喝。我用飛快的光速，拿筆從眼睛、鼻子一路飆下，最後畫了嘴，把裡全部塗黑。這天外飛來的一筆，讓背後萬頭攢動，湧上了一片歡聲雷動。一個聲音流過我的耳朵：「哎喲，這可像了，老漢沒牙了！」

消息不脛而走，我還成為村民口中傳奇的女畫家。陝北人厚道、慷慨，給我這繪畫菜鳥無限的機會，常常在勞動之餘還要坐下，給我畫上一陣，讓我心中無限感激。為了回報，我也決定與農民「同吃同住同勞動」。於是，我從一開始他們眼中不事生產、不結婚生子的「瘋婆姨」，變成了有志奮鬥的青年畫家，還差點被他們開玩笑地選上了「生產隊隊長」。當村民在冬天忙著用機器打玉米、磨豆漿、打鎌架，我也就像跑龍套那樣幫幫忙，趕趕場。有時，農民要上山背柴、打獵，我雖然幫不上忙，但也跟在後面穿山越嶺。他們在前面走，我在地上爬，死活也要跟上他們敏捷的腳程。

有一次我參加了一年一度的攔牛大活動，跟另外兩個婆姨，一前一後趕著村裡五十多隻的牛和驢，浩浩蕩蕩走了十里路到後溝去。總算到了肥草地，我們生了柴火坐下休息。我拿出蔣嫂給我準備的紅薯、玉米、饃饃出來，弄得這兩個不吃中餐的婆姨眼睛一亮。她們吃得高興，嘴也變甜了，說：「沒看過娃娃像妳這樣勤切（勤勞）的！」我笑嘻嘻地回答：「勤切才能在這裡混飯吃嘛！」

還有一次大地冰封，我的手整片凍爛了，關節處起了水泡，整隻手呈紅黑色，被人說是像「搬木炭的」。零下二十度的冬天凍得讓人無處藏身，我連睡覺時都穿戴著毛手套。最後，我靈機一動，想到去溫室大棚，治治我的手。裡頭悶熱，身體積的汗熱到排不出去。我看到一個婆姨在工作，不好意思遊手好閒，只好跟她脫到只剩內衣，跪在地上翻起罩上的塑膠模，一根一根拔著辣椒底下的雜草。後來我們一同回家，在過橋時，她的騾子走到我前方，用後腿冷不防踢了我一腳，不偏不倚蹬在手的水泡上，結好的痂被掀起了一層皮，頓時血肉模糊。為了補償，她連忙回家，給了我一大袋高麗菜。蔣嫂炒了給畫家吃，還對大家說：「這是小廖掙的菜。」

一年一年打著照面，村裡人對我早就司空見慣，彷彿相識了很久。對於村裡人的面孔，我也倒背如流。有一次遇到一個沒見過的老漢，我反問他，你是哪來的？他一驚，說：「我老家魏塔的，妳是哪的？」這時，旁邊老漢插話：「這娃來這都六年了，早就是咱魏塔人了！」

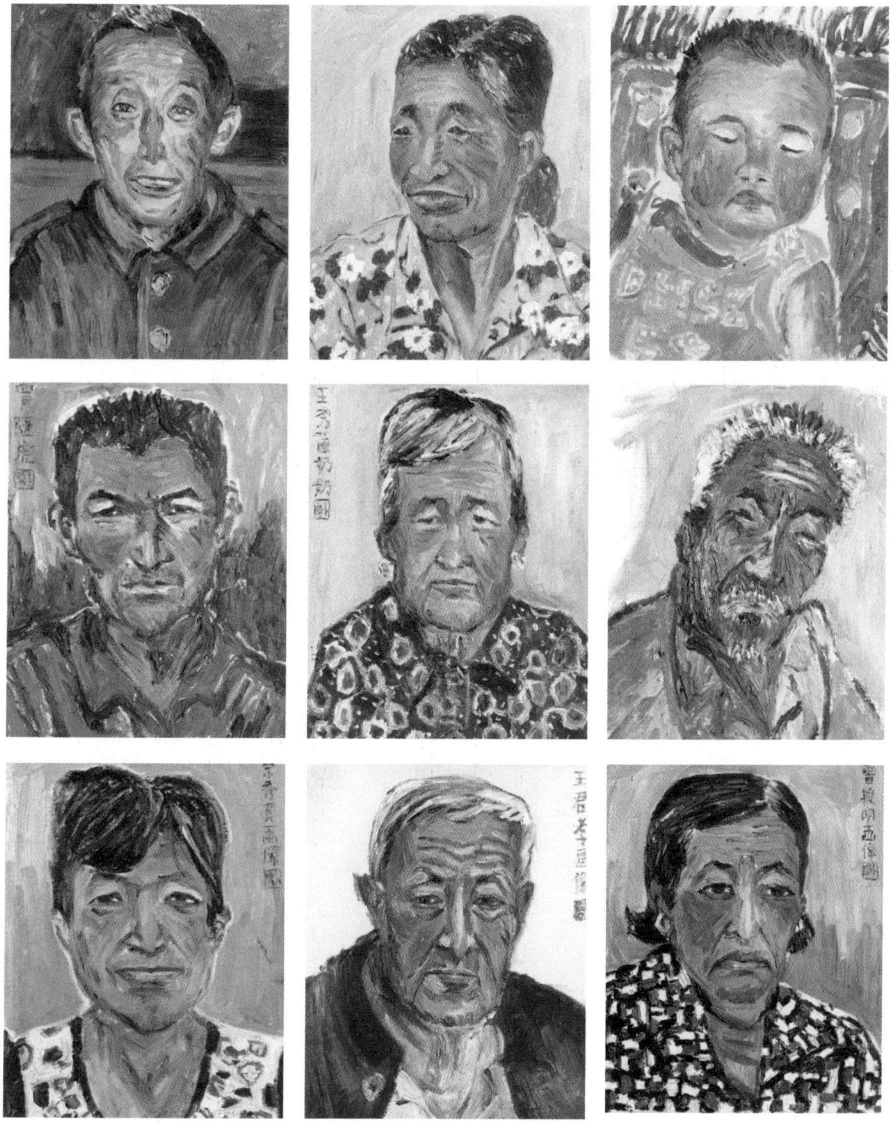

村民寫生　油畫 50x80cmx9 / 2012

那是火燒的夏天，一棵大洋槐樹蔭下，是村子的八卦集散地，我聽著他們拉話，然後搬出油畫箱，畫著老鄉一張一張的臉。我沒什麼油畫底子，也不敢叫他們不要動當我的模特兒，就趁他們拉話之間短暫的放空，抓緊捕捉他們的面貌。

收割一地的金黃

一般畫家來魏塔，都是單純地畫畫。但是我成天在山裡跑上跑下，到每家每戶東張西望，攤開速寫本還只是胡寫胡畫，這樣一個台灣人鬼鬼祟祟的行徑，外人還以為我是「深入敵人內部」的特務。只是老蔣並不嫌棄，每次出門總把我帶上，大概看我一臉稚氣，把我當成文革下鄉的北京小青年吧。

今年秋天，老蔣新買了一台「三輪蹦蹦」（三輪摩托車）。以前收割，需要把田裡割好的莊稼成捆背上，再一步一步扛回家裡。接著攤開莊稼，人拿著鐮架往上頭砰砰敲打，給穀物去殼。現在老蔣用車拉回一大片成捆的莊稼，圍著院子鋪成一大圈，人只要坐在三輪車上一開，用車輪輾過莊稼，就能輕鬆去殼了。

一次散步回家，我看到滿地金黃的莊稼瞬間收割完畢，一捆捆整齊的作物規規矩矩站在田裡。唯獨有一塊地，還有成片未收成的小米，隨著風吹拂搖曳。我當下興致一來，衝回家請老蔣幫我拿畫具。平時他幫我背畫框，扛顏料，這回他的三輪蹦蹦派上用場，能載上一米長的大畫框，給我畫得過癮。

畫到尾聲時，賈隨虎的婆姨過來，問我畫好了沒。原來她一直在等我，看天上有烏雲，怕要下雨了，想早點收割。我連忙說不要管我，妳忙妳的。我憑著印象補完最後幾筆，老蔣也剛好開著三輪蹦蹦從市集買菜回來了。這是一片大豐收：農民收割了小米，我們也收割了一地金黃的畫。他把我的畫連同我一起拉走。我站在車上，享受迎面吹來的微風。我看到每個村民的臉上，都蕩漾起金燦燦的微笑。

深山裡的燒火魔術

老蔣招待畫家，並不是太專業。他不光招待食宿，還帶著畫家一起體驗農村生活。記憶中，他那農村人萬能的雙手彷彿能點石成金，把平凡無奇的東西搞得有聲有色。

記得有一次和老蔣去遠處的後山放牛驢，他就施展了一次魔法——燒饃饃。到了野地，當牛驢開始悠悠吃起草時，老蔣開始張羅各式大小的乾柴，然後生火，把饃饃丟進去。這時，老蔣會專心地控制火候，他會把大的樹枝放在底下，然後慢慢添加小的樹枝。他說小的樹枝如果添加過快，會燒得過旺，饃饃表面會燒焦，裡面還是冷的。我就因為心急猛加細柴，把白饃饃燒成了黑饃饃。陝北人講究不吃冷饃饃，會鬧肚子，而老蔣燒的饃饃拿出來是金黃色的，外面很脆，咬開裡面軟軟的暖暖的。

接下來，是燒紅薯（地瓜）和土豆（馬鈴薯）。老蔣會在周圍收集小石頭，疊起一個小石窯，就像一個魔術師在為自己的驚人禮物布置會場。隨著溫度逐漸升高，神奇的東西出來了。這些石頭會突然爆炸開來，一開始是三三兩兩，後來是噼哩啪啦一直爆炸，等全部爆開後，地面就像炸過變成黑黑灰灰的一片。紅薯土豆和這些石頭焦柴混在一起，冒著熱氣。只見老蔣一會兒從裡面撥出一個黑溜溜的「鐵蛋球」，一會兒撥出一個焦炭，然後對我說：「小廖，快來，這是紅薯，這是土豆。」我將信將疑扒開來，金黃色的紅薯土豆，噴著熱騰

老蔣點艾草　油畫 50x80cm / 2014

夏天一到，陝北的蚊子跳蚤特別多。晚上，我們出來院子外乘涼，老蔣就用古方法，在山裡拔一些艾草，給我們點上，讓我們可以盡情地又說又笑。

騰的香氣。臉頰燒得更紅的老蔣，樂呵呵地說：「這就是老百姓的飯。農民的生活就是這樣簡單、真誠！」

本想這就可以收工回家了，誰知老蔣的好戲還在後頭。他拿出一把玉米撒在這些碎裂的小石泡上，玉米一下去就好像尋找到歡樂的舞場，在這些焦黑的石頭間跳起舞來，噼哩啪啦，跳個不停。這就是天然的爆米花，有的玉米粒兩邊都碰到石壁會爆得很開，有的一邊碰到就爆開了還帶著殼。這時老蔣撿起身邊的小樹枝，劈成兩半，當作筷子，在石縫和土炭間挑來撿去。這些石頭爆米花裹著土碳灰頭土臉的，用口一吹，就露出了金黃的身體。爆開的很軟，爆不開的很脆，就像小零嘴。

山溝裡的山，像往常一樣靜靜地臥著。牛驢散布在草叢裡，悠悠地吃草。只是，有幾隻驢聞到香味，躡手躡腳，小心翼翼湊過來。趁我們不注意，就用牠那大白嘴巴在小石塊裡找來找去，看看是什麼讓我們吃得這麼開心。

糊糊塗塗過一生

老蔣是大山裡的人，只是血液裡一直流有不安分的基因。早年他曾外出，在陝北各地山區奔波收購中藥材，做起了生意。後來，為了照顧年邁的父親，只好回到家鄉。這一待，就在家鄉待了十幾年。

一般人會以父母為託辭，掩蓋自己的沒本事，但是我知道老蔣是真正尊敬他的父親。記得有一次老蔣懇切地過來，請求我，為他父親畫一張遺像。他說他「大大」生前只有一張照片，照片裡灑滿了一大片秋日的陽光，唯獨最底下一小角有著他和一群孫子微笑的合影。老蔣請相館把那指甲小的臉放大成遺照，但是放大後很模糊。他希望這張臉能畫成一張大號的油畫。

看著那模糊的邊緣，我本可憑自己對爺爺的想念，加油添醋地畫出一張感情豐沛的畫。然而我卻不敢多想，只是一五一十想把畫還原成一張寫實的照片，心想老人的遺照可不能馬虎。後來畫成了，老蔣說我畫得跟真人一樣，村裡人來看，一下子就想起了這位許久不在人世的老者，說我「畫得好，畫得好」。

「崖畔上開花崖畔上紅，受苦人盼的是好光景。」因為一輩子沒走出大山，他特別佩服有學問的人，招待我們畫家像奴僕一樣無微不至。每天晚上，他會燒上一大鍋的水，先用臉盆裝上幾盆水給畫家泡腳，再裝上一盆熱水，幫畫家洗油畫筆。

平常，遇到有畫家的媳婦坐月子，他會幫忙在村裡採購土雞，打問誰家的黑豬要殺要賣。為了畫家突發奇想，想買牛槽來盛放自己的畫卷，他也甘心走遍方圓十里，查看誰家的做工精細。甚至有畫家，為了提前給母親預備後事，他也幫忙張羅好棺材，代拖到城裡去。

老蔣說，小時候，他們一家七八口就塞在十公尺深的土窯洞裡生活。因為貧窮，他父親拿糞、打場、飼養，什麼活都幹過。他常用一句陝北諺語勉勵我：「人一生，狗不咬一口，驢踢蹄子。」吃得苦中苦，方為人上人。沒有挫折，以後難保不會面臨更大的磨難。

只是，這樣一個愛好學問，喜愛探討人生道理的人，卻不是一個會做生意的料。他沒搞宣傳，畫家來得不多，至於吃住，蕎麵、羊肉、土雞蛋，應有盡有，三餐包住，只要四十元，老蔣卻常不敢明講，讓別人高興給多少就多少。有時老畫家朋友上來了，他還常常說不用錢，一給錢，他就連忙推掉。因此，這筆生意其實不怎麼賺錢，但是老蔣就是這樣的怪脾氣。他說：「錯，就要錯到底。」於是這八年也就拉拉胡胡幹了下去。他的名言是：「精精明明過生活，糊糊塗塗過一生。」人要為大局考慮，不要計較太多。

性情中人的老蔣，碰到畫家來，也常在吃飽飯後，端出好酒。也許不求把人灌醉，只求自己能糊裡糊塗醉上一回。每次喝到酒酣耳熱，老蔣總愛搬出他的經典台詞，紅著臉對畫家朋友說：「只要你不忘記我。」

是虛榮，還是好面子，我也不清楚。只是有一天，我記得喝醉的老蔣，看著畫家帶回剛從山上寫生完的油畫，看得特別投入。他腦子裡想到拍一部電視劇，鏡頭從院子裡一排排的

老蔣速寫（上）　鉛筆 14x11cm / 2011

老蔣與牛（下）　墨、蠟筆 38x26cm / 2014

油畫開始，一路延伸，拉到天上，然後俯看黃土高原的山。背景配上〈蘭花花〉這首歌，山裡頭有畫家在畫畫，攝影家在攝影，文學家在寫書，記錄著陝北的自然和人文風情。接著他問，是不是有人可以來拍這樣的片？他一再地問，反覆地說，弄得我們都不好意思了。看到我站在一旁，他又對我說，在這偏僻的小鄉裡，念大學的沒幾個，從來也沒出過一個出國留學的，妳可不可以幫幫忙，讓山裡人走出去。我慚愧，為自己讀遍萬卷書卻沒有老蔣那樣廣博的人世情懷，也慚愧自己能付出的是這樣少之又少。

停電夜裡的窯洞

農村常常收訊不良。看不成電視，老蔣會去屋頂上調電線，留蔣嫂坐鎮窯洞，盯著收訊器的信號，隔空指揮他調前往後，直到收訊器擺到20xx的頻率喊停。這下子看不成電視，卻是因為魏塔村又再度停電了。晚飯後，窯洞裡只剩下灶上星點的柴火，伴隨老蔣在飯桌上點著的微弱搖曳的蠟燭，一家人無事可幹。只是這一晚，老蔣突然心血來潮，拿著畫家帶來的《黃胄速寫》，在桌上的電話簿上臨摹幾張。

停電了，手機也沒了信號。鄰家二舅母摸黑前來借電話。聽老師說他念初中的兒子不想念書了，想早點打工，出去掙錢，養家餬口。但二舅母想讓孩子讀書，拚死拚活也要供上，憂心忡忡地在座機旁等著。這時老蔣家的座機響起，鈴聲頓時驚動了四座，只聽刀郎粗獷的嗓音像天外飛來一筆：

妳是我最親的人，像玫瑰花一樣的女人，
用妳那火火的嘴唇，讓我在午夜裡無情的銷魂……

在這民風淳樸的村裡，電話聲竟安上了這樣激情血脈賁張的搖滾小曲，讓人不免害躁，但也為這夜裡平添了血色浪漫的濃情蜜意。只見老蔣頭也不抬，繼續在飯桌上畫著他的畫。書上畫的是西域草原上的維吾爾族，野馬奔馳，大鷹飛舞，女人慶賀，扭腰擺臀。線條老到流暢，用筆虛實夾雜。他畫得起勁，蠟燭照著他的身影，他狂亂的筆觸，就像他設身參與了一場邊疆大漠外的篝火狂歡慶典。這氣氛感染了我，讓我飛快刷刷地畫下他專注瀟灑的神態，彷彿要與他在這黑洞這紙上一起對戲共舞。只見老蔣不斷翻面重畫，一連畫了六、七張，口裡還喃喃自語：「要一筆畫，不能抹，不能抹……」而我也隨著他又坐又起，飆了好幾張速寫。

遙遠的窯洞後，蔣嫂看不成連續劇，半躺在炕上訓話：「哎喲老蔣，平常你不畫，停了電才畫，你是腦子有病？」老蔣不語，怕線條不夠有力，還站起來撐著桌子畫。蔣嫂繼續訓話：「你看你，把自己就當個畫畫的料了。明天早起，掏個玉米擦擦才是本事……」老蔣不理，一畫又畫到晚上十點。蔣嫂想起晚餐還有吃剩的酸菜燴肥豬肉，就起身給老蔣蒸了一碗。終於老蔣放下了右手的畫筆，恢復他慣用的左手，大口吃肉，結束一個晚上的勞動。

隔天一早，老蔣比平常晚起。他說眼窩疼了，一整天不能動。

第三天，村裡來了電，老蔣翻起了筆記本，看了覺得不對勁。他連夜用炭筆重整了一次，還喃喃自語著：「不像哩……」

停電夜老蔣畫畫 水墨 66x42cm / 2011

鋤地老農也來畫畫了

老蔣是怎麼畫畫的，至今還是個謎。

也許是看我畫畫，老蔣也開始畫畫了。

但是在我過去魏塔以前，並不乏畫家專程去畫畫。為什麼他現在才開始畫畫？

也許因為我不只畫畫，我還亂畫。所以他覺得：喔，原來畫畫不過是這樣，那我也可以畫畫了！

於是老蔣畫了，像小孩那樣抓起筆就畫。記得那天，當我請村民坐好，架上油畫框準備畫半身頭像時，老蔣也在一旁，拿起了廢棄的厚紙板，在我擠出的顏料盤上，東塗西抹，往紙上畫出了第一筆。村民看了說，哎喲老蔣你也能畫畫了，他則靦腆地解釋：「她是真畫，我是假畫。」他埋頭就畫，頭也不抬，結果畫了頭髮烏溜溜地捲起了一球，摳了眼睛鼻子嘴巴再點出招牌的痣，一看就是畫蔣嫂。剛好一個房地產老闆到他這拜訪，看了看還覺得很有意思，給了他五百塊帶走了這一張畫。蔣嫂在旁調侃：「不知給的是畫錢，還是飯錢。」

第一張畫開了，接著老蔣就以他驚人的爆發力迸發出一批畫。木板、牆壁、餐桌、衛生紙，統統成為他創作的基地。他成了一個「不務正業」的農民，畫畫第一，農活成了其次。記得和他外出寫生時，一開始我總是自豪自己的直覺，把山的大輪廓打得又快又準確，反觀老蔣的畫總是沒啥雛形，悶悶的，默默的，從局部畫起。等到畫到一半，我那直率大膽的筆觸已經填滿了整個畫布時，這時我才驚覺到老蔣的後座力。原來他不斷地從細部勾勒，已經讓畫面有了更細膩的「渾然一體」。他會在複雜錯落的山體上，用手指抹出一條蜿蜒的羊腸小路，代表牧羊人曾經苦苦攀爬過的小徑。或是遠處再用畫筆「搞虛一點」，讓山體退後，營造出一股高原上迂迴的層次感。終於，所有的一筆一畫是這樣地自然，沒有不足，沒有多餘。就像一根綿裡針，溫溫吞吞，但又扎得犀利生猛。

除了和我一起外出寫生，他還仿效我的流浪，在夏天寫生基地沒生意的時候，離家出走，跑到山西、內蒙，在當地打工討生活。他白天在一家大型螺旋藻生化工廠當最底層的農民工，給大棚內的臭池子翻藻放水；晚上回到簡陋的鐵皮房，在廢棄的排水管上，畫著他心裡的寶塔山延河大橋和陝北腰鼓。有一次沒筆了，他在鳥不生蛋的內蒙荒郊野外攔了一輛出租車，花了二十塊錢到城裡買了一枝一塊錢的鉛筆，再花二十塊錢坐車回來畫。他說他後半生的最大心願是，騎著摩托車到各地，邊打工，邊畫畫。

他對別人說：「小廖是我的老師。」但我不過是激起了他畫畫的衝動而已。八年來，五湖四海的畫家在他這齊聚一堂，他看盡各種奇形怪狀的畫，能夠博採眾長而集其大成。他拿刮刀以求淋漓盡致，拿廢顏料堆疊以求雄渾沉厚。他的筆沒洗過，陳年的顏料和筆毛揪成一團，意外營造一種古樸拙趣。靈機一動，他還噴口水往炭筆上一抹，讓黑與白之間多了幾分情感的渲染。他時而小品，時而長卷，可以一張一張地畫不知疲倦。他的油畫塞滿整間窯洞，他的速寫本堆滿整個櫃子。在陝北生活了五十幾年的他，不用出外寫生，就可以憑著記憶默畫，畫著一座座熟到不行的黃土山和一個個滿臉皺紋的黃土老漢。

不只我誇他的畫，畫家也被他滿屋子的畫嚇了一跳。曾有國畫院的書記授牌給他寫了「魏塔藝術之家」，如今這裡成了名副其實的藝術之家。他們說這張有山水畫的構圖和氣勢，那張線條很大膽；他們問這張的顏色怎麼調的，那張怎麼會想到要這樣畫，你這樣畫下去我們都不敢畫了。這是一群「文人」，在評論一個農民的畫。但是他們發現，他畫的還不是一般的農民畫，雖然淳樸憨厚卻沒有農民畫的幼稚和裝飾。他的國畫是直抒胸臆的文人畫，他的油畫還有細膩敏感的大師才調得出來的高級灰！

畫多了，我們也常一起討論一些藝術觀點。記得之前他看那些美院的老師畫畫，曾說畫畫最重要的是「立體」。如今他畫了，有一次他認真地對我說，畫畫最重要的是「感覺」。動態、神韻是最重要的，最厲害的是畫出一個人的「背影」。

從我來魏塔這幾年，老蔣的身分變得越來越多樣。在我眼裡，他是農民，是寫生基地老闆，也是一名畫家。他依然在每天傍晚去牽牛，在農忙時彎腰下地幹活；遇到畫家來了，他也搖身一變成親切的主人和僕人，跟在畫家後頭拿畫箱扛顏料。唯獨和我一起，或是一個人的時候，他能自在當個畫家。問他最喜歡哪個身分，他無疑喜歡當畫家。是啊，任誰拿起畫筆，在畫布上揮灑上幾筆，誰都無法忘掉那種主宰畫布的快感。多麼恣意！多麼瀟灑！身為最後一批留守農村即將瀕臨絕種的人物，畫筆賜予了老蔣一種神力，讓他能超脫世代農民面朝黃土的宿命，像一頭倔驢朝天吼出自己的心聲。而我身為城市文明的叛徒，也在這偏遠的鄉間找到出口，甘於在灰頭土臉中，在畫家這種赤身的無產階級身分裡，釋放自己那份與萬

老人小孩與牛（上） 蔣明放畫 油畫 50x80cm / 2013

驢與羊圈（下） 蔣明放畫 油畫 40x50cm / 2013

物共舞的原始生命力。身而為人，忘情地在孤獨的山間裡吼上幾聲，在空白的畫布上畫上幾筆，在大樹上幼稚地刻下「XXX到此一遊」，難道不是天經地義的自由？人是怎樣被卡在現實與夢想的夾縫裡啊！什麼時候這種朝天直抒胸臆的信天遊，變得這麼閃躲，這麼奢求？

這樣說來，也許給我和老蔣的畫賦予過度沉重的吶喊。老蔣是怎麼畫畫的，我又為什麼會畫畫，連我自己也說不清。然而我始終記得，我和老蔣第一次畫畫，帶著小孩子的新奇感，搬弄著畫筆。「畫畫對不對就那麼一回事：消磨時間。」老蔣曾說。所以，我寧願相信我們的畫是一首隨口哼出的信天遊，一切來得是這樣自然而然。

沾了綠屎的畫

倉庫堆滿了塵封發霉的老畫。好不容易從夾縫裡抓出來一個空畫框，一隻蛾飛出來了。院子裡排滿剛畫完的油畫。鴨子悠哉地前去啄食，沒發現自己的翅膀染成了紫色。一陣大風吹過，油畫啪一聲摔到地下。濕濕的顏料，沾了一身綠色的雞糞。蒼蠅飛來，嗡嗡嗡地響。

陝北人說，「人做一小半，天做一大半。」這樣的畫，可以算是有機綠色無公害的嗎？

畫箱——有！畫框——拿了！畫布——綳好了！那坐上摩托車，開工吧！

糟了老蔣，沒帶調色板！——有塊廢棄的摩托車鋁片板扔在這，油亮油亮的，色很好上去。

慘了，擦筆紙！——這裡有張紙，不過沾了牛糞，可以吧！不然拔這片草也能行，很軟，很能吸顏料。

完了，畫太大力，布破了！——那地方妳先別畫，回去請我婆姨拿針線給妳補起來。

死定了，筆毛斷了！——老李家有老母豬，我去看看。

幾分鐘後，老蔣拔了幾根黑豬毛回來，再環顧四周，撿起王老吉飲料罐，割了一小塊鋁片捆住了豬毛。他說，以後其實也能自製豬鬃油畫筆，拿根竹筷當柄就行了。我們試了試，這種老母豬筆畫遠處細密多枝的槐樹林，效果特別好。

每次我們進城補貨，路人總是對我們投以異樣的眼光。有次到手機行充值話費，一個小弟忍不住問：「你們兩個是油漆工嗎？」

往身上一看，顏料四處都是，東一塊，西一塊。我們也成了畫的有機體了。

說來奇怪，老蔣在他快看到盡頭的年紀鬱鬱寡歡，我在人生的十字路口茫茫徘徊，這兩個傻子碰在一塊，意外成為命運的共同體。我們在畫畫的資歷上都是一片白紙，但是都不甘於讓畫布留下空白，而要拚命揮灑我們對生命傻不啦嘰的熱情。

夏日小院寫生（上） 油畫 45x50cm / 2012
黃土人家寫生（中左） 油畫 40x50cm / 2012
坡上人家寫生（中右） 油畫 40x28cm / 2012
秋日即景寫生（下） 油畫 40x24cm / 2012

小廖，吃飯了！

一大早，隔壁窯洞的切菜聲和油入鍋的吱吱聲啪開了冷冽凝固的空氣。三年來，蔣嫂的做飯聲，叫醒我的每一天。

蔣嫂名叫「魏猴桃」，但是很少人會叫起她的大名，只是以嫂子稱呼她。來這裡的畫家，對蔣嫂的評價，比老蔣還高。這也難怪。老蔣不在，頂多是少了喝酒的夥伴。可是蔣嫂不在，就沒了三餐。

不只如此，蔣嫂還特別明理，沒有老蔣那樣傻氣的浪漫。她操持畫家的伙食，一看就是寫生基地名副其實的「掌櫃」。平常我看她，除了做飯，還是撿菜撿柴回屋生火做飯。因為怕畫家會突如其然來，蔣嫂犧牲了一般婆姨坐在大樹底下乘涼拉話的清閒，在家守株待兔。有一次，幾個畫家坐了夜車，凌晨兩點多才到魏塔，蔣嫂立刻下床，到灶房裡煮了一大鍋雞蛋攪團拌湯，讓連夜趕路的畫家填飽肚子。還有一次，老師連同學生將近一百個人來，她大半夜還在擀麵，催生兩百個饃饃做明天的早餐。我們曾睡同個炕上將近一個月，她一律都是七點自動醒來開始做饃饃。她常對我說：「妳看我們農村人，麻不麻煩啊？」

多年的做菜經驗，也讓她總結出一些小偏方，讓食物更好吃。例如小米稀飯在柴火上慢慢熬比在電磁爐上煮好吃；蒸饃饃時放進雞蛋一起蒸，饃饃會更香。人少的時候，只剩一些熟客，蔣嫂還會看我們胃口，為我們準備城裡吃不到的農家菜。她知道我愛吃陝北小吃，常會特地弄些「洋芋擦擦」和「雞蛋炸炸」給我過過癮。她也知道畫家冬天最愛吃酸菜土豆燴肥豬肉，常常燉上一大盆子，讓我們一撈再撈。我們常說到她這裡伙食提升了，變胖了，吃得比在城市裡還好。而蔣嫂只是笑，有高血壓的她，只能坐在小板凳上吃著隔餐的剩菜。

剛來的時候，我拿著小速寫本，一直想畫蔣嫂的正面，但不管我怎麼轉，看到的都只是她面朝鍋台的背影。那背影寬厚方正，就像一個男人的後背。陝北一句諺語說：「好（死）的女人圍著鍋台轉，瞎（死）的男人撿畔上站。」老蔣身為一個農民，辦起寫生基地很不容易，但更辛苦的是蔣嫂，八年來擔任起後勤部隊，為數以千計的畫家提供食糧。陝北人一天只吃兩餐，為畫家她卻準備了三頓飯，常常是早上一吃完又接著做午餐。她曾私下感慨：「我生下來就是伺候別人的。」她不僅是男人的背後，更是畫家的背後。畫家在農村寫生，拿到城裡光鮮亮麗，但有誰注意過作品背後的養分，是多少農民的心血換來的呢？

「小廖，吃飯了！」每當吃飯的時候，還是會經常懷念起這聲叫喚。

當炕上變成一間大尿床

老蔣的孫子蔣子涵來了，他笑容滿面，喜氣洋洋，窯洞裡頓時紅火起來。蔣嫂總愛捏起他紅紅的臉頰，笑呵呵地說：「大紅果子剝皮皮。」

只是蔣嫂瞬間多了一道任務：給十個月大的他把屎把尿。

白天，由她親自坐鎮提起蔣子涵尿尿，一天大概二十來回。偶爾，蔣子涵表現良好，蔣嫂還會用娃娃音哄他：「今天蔣子涵尿美了。一提就尿。」但是多半時候，蔣子涵不受管制，想尿就尿，一下子尿在老蔣身上，一下子把（屎）在蔣嫂手機上，最多時候還是在炕上邊玩邊尿，弄得老蔣身上成了一間大廁所，整片炕成了一個大尿床，祖孫三人晚上就睡在這片尿上。

原本應該輪流照管的老蔣，最近卻買了智慧型手機，玩得不亦樂乎。他一會兒玩微信，一會兒畫畫，突然想到時才會看看蔣子涵。此時，蔣嫂就會在旁嘮叨，「老蔣喔，你洋也洋不上，土也土不下。你是土豬長了一對羊耳朵。快拿紙給蔣子涵擦一下，一會兒屎都要凍乾了。」

偶爾我會幫忙照顧蔣子涵。日子一久，這娃也把我誤當成他媽了。一天沒看到我，他還會大叫，要老蔣來隔壁窯洞串門。我一叫，「涵涵——」，尾音向上翹著念，他身子就會像

炕上的祖孫三人（上） 油畫 60x80cm / 2014

喂娃圖（下） 油畫 55x70cm / 2015

彈簧那樣，往前後一傾一仰，然後在我過去抱他時，調皮地扭過身去。

為了全力拚經濟，蔣子涵只有睡覺才包上尿布，一天尿布錢控制在八塊錢。他爸爸在西安幹設計，一個月五千塊，繳房貸就扣掉了三千塊。他媽為了分擔家計，只好回西安找工作。臨走前，她留了一張「蔣子涵時間表」：七點起床，八點稀飯，一天四頓奶，下午五點一餐水果（黑體字括弧：勺子刮香蕉泥或蘋果泥）。只是這娃不受控制，半夜嚎得不行，得多喝一頓奶。蔣嫂算了一下，一個月要吃完的奶粉兩週就沒了，規定換個奶粉牌子，從六十元下降到十八元。

他媽捨不得他，半夜還會傳微信，給他唱「小兔子乖乖，把門兒開開」。但是蔣子涵不為所動。以前他會玩他媽買的「命根子」（一種像小啞鈴的塑膠玩具，蔣子涵一定要握住），現在他的命根子換成了一根小勺子。今天晚上，他爺爺說要鍛鍊他，在他背上繫了一根繩子，綁了一塊枕頭。就像牛在拉車，他在炕上爬得不亦樂乎。九點，規定上床時間到了，蔣嫂唱起了她自編的催眠曲：「啊——啊——蔣子涵瞌睡睡，羊羔羔倒對對……」

為了孫子，蔣嫂勞心勞力，付出了無限的母愛。一天，她抱著蔣子涵說：「看，蔣子涵以後要像小廖一樣當畫家。畫家自由，想幹啥就幹啥。不必受人領導，自己領導自己。」

旁邊的老蔣依然在炕上埋首苦幹。自從蔣子涵來了，他嘴上一直感嘆自己沒法出外畫畫，結果暗地裡在家畫了好幾本蔣子涵。他靈感一來，編了一句詩，舉起蔣子涵說：「少小離家老大回，回過頭來你不知道自己是誰！」

踏出第一步

蔣子涵會走路了！這真是件不容易的事啊。兩個月前，他還在床上摸爬滾打，一不留神，頭就磕在床角上。他哭是哭了，但沒多久，就會頂著頭上的大包，傻傻地笑。這讓我設想自己小時候學走步的樣子。大概人都是這樣，只知道自己會了，也就自然而然忘記了過程。如今好了，我可以天天觀摩寶寶的成長日記了！

為了讓蔣子涵學會走路，老蔣也是煞費苦心。先是用娃娃車做「樹樁」讓他把著轉，又用手拽著他滿屋子地溜達。有老蔣的時候，他就拉著老蔣的手，沒老蔣的時候，他就桌子、椅子、門牆四壁當靠山。好像他已經愛上了這樣摸來摸去，一瘸一拐的狀態。慢慢地，他愛上走步和愛睡覺一樣多。

後來，老蔣送給他一根枴杖。他們爺孫倆一個把上頭，一個抱下頭，玩起了「同根相連」的遊戲。漸漸地，他又愛上這禮物。從床前到門口，他已不用人攙扶。一個小嬰兒拄著枴杖，生命的輪迴彷彿就在眼前。一瞬間喜悅，一瞬間流淚。人一生是多長，又是多快啊！

再後來，他試著撇開枴杖，一步走向另外一步……

我不禁想到了自己最早畫的速寫。就像蔣子涵試走的第一步，也像是剛生下的嬰兒，赤條條地來到這人間。當時我初學畫畫，也是第一次來魏塔。全新的我，全新的地方。我掏出塞在口袋裡的小學生作業本，睜大眼睛，好奇地打量周遭。從不知道有人可以站得離我這麼近，這麼清晰的，讓我擦擦擦地畫下他們的眼睛與毛孔。也從來不會去想，世界這麼大，而我的手是這麼地小。是一種初戀般的悸動，還是混沌未開的天真？說不清楚是什麼，只是生怕眼前這美好的一幕就要溜走了，而我只想拚命地把它保留在世間。不只是要瞪大眼睛看，還要用手，把這個世界裡裡外外、從頭到腳摸個一遍。回頭來看，我才知道人生難得有過一些第一次，對自己曾有的摸索，從來不抱一絲的懷疑……

冬至，陝北人習慣吃上一頓餃子，吃餃子不凍耳朵。包完餃子後，蔣嫂把剩餘的麵皮撕成一個個拇指大小的麵糰，沾了一點蘿蔔和碎肉，做上超迷你版的餃子。以往只吃小米稀飯的蔣子涵，這回是第一次吃餃子。看著高興的他，我想著他的未來，將要迎接人生好多好多的第一次。

蔣子涵來了 油畫 40x50cm / 2015

學會走路貌似一轉眼的瞬間，但又是一番漸進的過程。蔣子涵從會爬，到慢慢學會站起。接著他透過扶身邊的任何東西，鍛鍊腳力，讓步伐踩得更穩。等到炕上的周圍都摸遍，老蔣開始帶他下炕。先是在背後扶他，讓他前進，接著又用枴杖做支撐，祖孫兩人共同攙扶。然後是拽著他的手，引他前行。到後來，蔣子涵愛上走步了，開始自己試驗，周旋在各個凳子之間。終於，一個奇蹟發生了，他能連續走上兩步。他成功了！

屬驢的農村娃娃

陝北農村的小孩，就像黃土地裡長出的嫩芽，被婆姨們抱，在黃土裡跑，總帶著土氣。村裡人要調侃小孩子頑皮，就會說那娃娃是「屬驢的」，其實他們多半都沾上了驢子的倔強脾氣，直來直去，不懂拐彎抹角。

陝北人把小孩叫做「娃娃」。有次我們在班車上遇到一個小孩，問他叫啥，他不知自己的名字，就很認真回答：「我叫娃娃。」不只小孩被叫「娃娃」，城市裡來畫畫的大學生被叫做「學生娃娃」，我也被村裡人叫做「台灣畫畫娃娃」。記得我剛到陝北，不知怎麼與人打交道。幸好陝北的娃娃會主動和我玩，會抱著村口的大樹大聲喊我「歪廖」，他媽媽還會在後面糾正要叫「阿姨」，一來二去我們就打成了一片。我會拉著他們的手轉圈圈，玩遊戲，他們也會經常來我的窯洞裡，拿我的畫筆畫畫，擺弄他們沒見過的小玩意。

這群娃娃的喜怒哀樂都很簡單。有次一個名叫「常多多」的女娃來我畫室，看我拿牙線一臉驚奇，我還拿牙線過去剔她那早已熏黑成一片的牙。我問她以後最想當什麼，她說是老師，因為可以打人。問她最快樂的日子是什麼，她說是星期五，因為學校星期五午餐會多發兩個雞翅或一個雞腿。對農村娃娃來說，他們不曉得台灣是哪裡，只知道是很遠的地方，大人們會說讓他們以後也當畫家，讓小廖引到台灣去串串。

每次看到村裡的孩子，總是排成一排傻笑，有的靦腆彎腰，有的手放在口袋，微微搖晃著身體，就像一顆顆土豆、地瓜在衝著我笑。當我畫累的時候，就想到畫這些娃娃，讓我可以忘記煩惱，盡情享受他們的天真。

神犬小白

牠是一隻跑起來像馬的狗。

在我看來，來老蔣這裡寫生的畫家，沒有一個不喜歡小白。大家最驚訝的，莫過於牠的認人功夫。面對村裡人或陌生人，牠會肆無忌憚地咆哮，而我一來，牠就看準我是畫家，在我第一天出門寫生的時候，一步步尾隨我，坐在結冰的田埂上，乖乖地看我畫畫。等到我要回去，牠怕我迷路，還會跑到我跟前帶路，雖然牠走的路線一律是從坡沿邊橫切過去，正常人是不敢走的。牠讓我想起小時候山上橘子園養的一條黑母狗瑪莉，牠會陪我媽上山，還會咬蛇。牠死後，村裡人把牠埋起來，做了一個墳，輪流上香。大概山上的土狗就是有一種特別的靈敏吧。

小白自有分寸，不像城裡狗嬌滴滴地巴結。牠一雙鳳眼，英氣逼人，流露出「不食嗟來食」的氣概。我從來沒有看過牠搖尾乞憐，也沒看過牠飢不擇食。即使是你囂張地在牠面前拿肉引誘牠，牠還是不過來。農村人說，一天餵狗超過兩頓，狗的眼睛會不認主人。所以小白一天就等著蔣嫂喊著「狗兒」，給牠碗裡倒的兩頓飯。

論力氣，村子裡數牠身形最大，但是牠一身精幹，像奧運選手，沒有多餘贅肉。牠精力充沛，戰無不勝，喜歡滿山遍野跑。每次出門，就像中央巡視組組長出巡，一到別人家門

麥垛裡的小白（上）　油畫 60x80cm / 2014

風雪中的小白（下）　墨、丙烯 38x26cm / 2015

口，一定當著狗的面抬起後腿小便。有幾戶人家的狗兒神惡煞，齜牙咧嘴，見人總是喪心病狂，沒完沒了地狂吠，逼得主人都用鏈子拴上。見到小白，竟然不寒而慄，全身哆嗦。

因為牠高傲的作風，村裡人老想除之而後快。有一次，小白一連失蹤了三天三夜，直到後來才在山頂上的大舅家發現牠趴倒在地。牠的左腿被打斷，連站起也困難。老蔣替牠包紮，拿藍色三角巾固定。牠用右腿當枴杖，吃力拄著地，一拐一拐，只要我們出門，死活也要跟上。看著牠那堅毅不拔的身影，你不禁會被感動，奉牠為狗界殘障人士的楷模。過了兩個禮拜，牠的腿竟然奇蹟似地好了，能再次健步如飛地穿梭山林。

隨著年華老去，小白體力已不如以往。前陣子，牠的眼睛被咬下了一撮毛。這幾天都在上面山頭的牛棚，陪伴老蔣的牛。據老蔣的說法，小白夠義氣，是在幫他「照牛」。這就是小白，我們聰明的好夥伴，懂得拿捏人性，甚至比人性還人性。

那一夜，畫家一起倒著走

為了尋找心中的革命聖地，我翻閱書報，無意間看到國畫大師石魯的畫作。當初受社會主義感召來陝北的石魯，不過是二十歲的小夥子。拋棄大筆家產的他，來到陝北，用飛機殼做畫箱，再自製帳篷睡袋和渡河的汽船，跋山涉水，全副武裝搞起實地寫生。他用革命熱血的紅色，畫出了雄渾樸厚的黃土高原、豐收飽滿的莊稼、驚心動魄的黃河激流，以及肌肉隆起像銅澆鐵鑄的黃河船夫，大膽地把對現世生活的熱愛寫進了一向出世避世的山水國度。「生活為我出新意，我為生活傳精神」。他給自己生活革了命，也給藝術革了命。

看到他，我心想著，這就是年輕人該有的樣子啊。於是我也夢想到陝北與石魯一決高下。碰巧我來到的是「寫生基地」，是大陸畫家下鄉寫生的根據地。它不像世界的藝術家「駐村」，由精英畫家聚集辯論繪畫的思潮，而是帶有歷史脈絡，就像當年知青下鄉點，有社會集體的理想主義，也有「與人民同吃同住同勞動」這樣接地氣的現實操練。

如今，社會主義的熱浪已退，留下的不過是廢棄的輾盤與稀落的老邁農民。若干年再回頭看，我們這群畫家就像一群過氣的傻逼，在飛快的世代裡憑弔著早已無法挽留的理想主義。然而，是為了讓生活的印記刻得更深一點吧！來這裡的畫家，無一不是心甘情願，自討苦吃。記得我們在大太陽下，嘲笑著誰的臉被烤得更黑，在大雪天裡支上畫架，暗自較勁誰能撐得更久，直到要補擠顏料，才發現大地一片冰封，積雪的冰凍滲進了鞋底，顏料也早已凍僵，唯獨不甘心交上白卷，只能把顏料放到腳底下猛踩，再死命往畫布上抹。

晚上回家，山裡夜深人靜，這時大家在炕上倒的倒，躺的躺。天冷，我們打起火爐子，烤烤凍僵的雙手，也烤烤那靠在牆上一字攤開的畫。那白天拴在院子磚牆外的牛與驢，此刻進入畫布，成了一坨坨偏黃和偏黑的顏料。爐上的熱水連綿冒著白煙，我們各拿各的臉盆，脫掉臭襪子，開始盛著燒水，邊泡腳，邊洗襪。

這樣的集體生活，讓大夥都能摸清彼此的「底細」，總是光明正大地「醜態百出」。哪個「同志」的夜間拉屎時間到了，哪位的酒量牌品差，總是愛靠甩牌砸牌虛張聲勢，哪位老是嘴饞偷拔老鄉家的小黃瓜來啃。在我看來，這群畫家動如脫兔，靜如處子，在白天格外勤奮吃苦，晚上則像小孩天真玩耍。在他們眼裡，我是有點野有點瘋的小孩，對我的台灣背景總感新鮮，而我也會秀出一手「猜牌魔術」，讓他們看得嘖嘖稱奇。

出於留念，我們還會圍成一圈，甲畫乙、乙畫丙，睡前輪流互畫肖像，嚴格恪守「藝術生活化」的準則。他們不嫌棄我這個畫畫菜鳥，看我待的時間最長，說我「比專業畫家還專業」，還經常說：「小廖，妳就畫妳的吧！不要受學院給汙染了。」是共患難的情懷吧，大夥看畫，並不在意畫面完整，反而為一種粗獷的生澀，拍手叫好。每一筆手忙腳亂，卻也是一五一十地效法自然，專注耕耘於一方田野。

是啊，生澀粗獷。在輕鬆休閒享樂的消費時代，在精緻品味小資遍地開花的時代，陝

走山路 油畫 50x60cm / 2014

北的貧瘠顯得不夠「可口」。那生猛赤裸的現實，就像一大塊粗糧，讓人難以下嚥。然而，是什麼時候，自然而然不加修飾的東西被視為粗糙落後了？又是什麼時候，順其自然直抒胸臆的東西被視為魯莽不解風情了？這一切，是不是因為過度的包裝，讓人心反而不敢直面現實？而難道不正是在這「貧瘠」裡，蘊含了許多撲面而來的豐富與真實？

真正高尚的東西，不是讓人「品味」的，而是實實在在的糧食。

回頭來看，我們的畫，不是在茶几、畫室和案桌上畫出來的，也不是刻意設計搞出來的產品。只有親身到過農村的人，才能感受大風一吹，油畫還濕著就啪一聲掉到地上沾到雞屎的滋味，或是用石頭在地上敲核桃，核桃上還沾著一點牛糞的滋味。這樣的寫生，嚴格定義，是陽光灑在糞土上的滋味！

記得當初會來老蔣家，是因為我在陝西國畫院前晃蕩。這裡相當於大陸的宮廷畫院，一位任職的畫家王瀟路過，在素不相識的情況下，只憑他年輕一樣喜歡四處寫生的傻勁，就把我當成夥伴，熱情慷慨推薦了此地。此後四年，我發現在「寫生」逐漸被科技淘汰的今日，仍有許多畫家在力挽狂瀾。說是為畫畫，倒不如是為了生活吧！為一種風徐徐吹拂臉上的生活，為一種直面撲來的生活。沒有預想，只是在自然裡不斷發現、發生。

這就是「寫生」，連寫帶生。不僅僅是眼和手，更是用盡全副身心。畫畫回歸到太陽底下的勞動，成了，就是心靈出了汗水了。

記得一天晚飯後，我們一群人浩浩蕩蕩，摸黑走在山裡。白天畫畫累了一天，晚上終於可以像小孩那樣鬼叫鬼跳，出遊散步。一路下山，沿著河岸，走到某棵大柳樹旁，沒信號的終於有信號了。微信聲、短信聲，噼哩啪啦地響。在大山面前，我們對著手機裡的親人愛人，懺悔，祈求原諒。一切都是為了藝術（和解放），讓畫家「拋家棄子」來到這荒蕪的山上鬼混。月亮把畫家的身形打在山上，顯得無比巨大。盼星星，盼月亮，盼得心中紅太陽。

一路上，沒有車聲呼嘯而過，偶爾路過農家，就怕驚動狗，一隻叫響了會轉成全村狗集體咆哮，驚動整個村子。不知是誰提議：倒著走夜路。一時之間天地顛倒，地動山搖。手不知道怎麼擺，乾脆背到後面。原本是眼睛在看，現在腦袋不管用，只能靠腳一步步踩好。我赫然發現我走了幾十年的路，卻從來不曾感受腳踏在土地上的感覺。仰頭看天，發現不是我在看月亮，而是月亮在看我們；當眼前有條條大路引誘我去尋找，我卻沒有發現身後也有一條路在召喚著。

這是一條倒著走，回歸心靈的路。想起自己來陝北的初衷，何嘗不是如此？不是革命式地往前衝，而是踩煞車，向後退，退回一無所有，看看孑然一身的自己，真正能有什麼。

就在這樣靜靜想著時，我聽見大夥從後方傳來的嘲笑聲。小廖啊，別胡思亂想，腳踏實地吧。不知不覺中，走得最慢的我，已落到隊伍的最前面了。

太陽底下輪迴的碾盤

幾乎是一轉身的事。冬日的黃土地上結了一層薄薄的冰晶，就像是老人嘴上銀色的短鬚。然而一到中午，太陽高掛，整片黃土高原又頓時暖了起來。村裡人紛紛走出來，串串門，曬被子，活動活動。

臉盆裡浸泡了一夜衣服。我燒開了熱水壺，往裡倒熱水，再往水缸裡舀一瓢冷水混和，拿到院子外的水槽。總是在洗衣服的時候，讓我得以停下平日忙碌的畫畫工作，沉澱一下思緒。水槽是餵牛用的牛槽，當時村裡五、六個人過來幫老蔣扛牛槽，他安了一個水龍頭，又在牛槽底下打了一個眼，裝上水管，管線接到家裡挖的老水井。水管有些破，洗衣服的水流到了地面。一群雞圍過來，爭著喝這流到槽外的水。

陝北的陽光就像這水，神聖、清潔，刷走了濕答答的陰霾。

我環顧四周，被院子裡這些簡陋的東西給嚇到。仔細一看，老蔣的院子再平凡不過了。幾座窯洞和平房，一片紅磚砌的牆，包圍起一片空地。跟大陸其他村子比起來，還有千千萬萬多少落後貧窮的地方值得去獵奇去關注。然而，新聞的嗜血聳動原非我所求，就算這地方平凡，卻是天天上演著不同的故事。有時是鄰家的娃娃引著狗來串，有時是大舅來老蔣家的井挑水，還有些時候，是老蔣揮著大掃把在掃院子，老蔣婆姨把剩飯倒到盆裡，大聲

老人與碾盤（上）　墨、蠟筆 38x26cm / 2015

騎新車過新年（下）　墨、蠟筆 38x26cm / 2015

喊著「狗兒」，讓一旁臥著的小白撐開了前腿。還有更多時候，就像現在，啥也沒有，只有幾隻雞，幾個桶，幾棵樹。

不只被這裡嚇到，連我，也被自己給嚇到了。我是這樣容易適應，一點沒有接縫地接受了這裡，幾乎是一踏上這片土地就馬不停蹄地畫畫。我拿起臉盆架，往盆裡倒了熱水，再舀了一瓢井裡的涼水往裡和，把頭髮往前撥，開始洗頭。記得剛來因為嫌麻煩，我整整一個月沒洗頭，後來才知道，原來村民起碼兩週就會洗一次頭。我成了魏塔村最髒的人，洗頭，剪頭，統統都是自己打理。

「千里迢迢坐飛機來到這裡，就為了畫幾把爛凳子。」記得有個老漢曾這樣笑著對我說。還有一個老婆婆非常納悶，問我們畫家：「我們這破地方，不過就是山呀、人呀、驢呀、媽呀，有什麼好畫的？」

當然，出發前我也想革命，脫胎換骨，從零開始為繪畫奮鬥，畫出激盪人心的曠世巨作，讓「世人」膜拜臣服，然而東走西串，畫來畫去，真正讓我感動的東西，無非就是村民所說的「山呀、人呀、驢呀、媽呀」。原來，畫畫其實是畫心。這些山人牛驢，就像一面鏡子，如實折射出我內心最自在的相貌。

但難道樸素不是一種革命嗎？人們總嚮往遙不可及的英雄主義，但誰能看清簡樸裡面，正蘊涵著偉大的奇蹟呢？

老蔣一家人把我當成女兒，村裡人把我當成村民。陝北農村人說：「吃飽飯，不想家。」人要的其實不多，三十畝地一頭牛，老婆娃娃熱炕頭。

當一個複雜的人，通過種種努力想讓自己快樂，結果發現快樂是很簡單的，他也許會喜極而泣吧。這傻傻又簡單的快樂，卻又是那麼地熾熱與真誠。

原來，革命不在他處。從自己的內心領略到簡單的幸福，就是一種深沉的革命。喜與悲，走與回。正因為有走，才能有回。前提是你發自內心的，用你自己的方式開頭。

記得一天曾在王二娃家前，看到村裡的老漢，在大太陽底下，臥倒在輾盤上睡著。他的身體順著輾盤蜷曲起來，頭尾也像輾盤一樣圈成了一圈。而大抵人世間驚奇的事也不過如此吧，當你用自己真誠的心去開頭，生命也會為你安排一個心心相印的結尾。

農村人的哲學，大概是「過一天，頂一天」。時間是用來慢慢磨的，就像驢在石磨碾道上一圈一圈走。但是從頭歸零，太陽依舊升起，每天又都是新的一天。

第二章

面朝黃土
背朝天

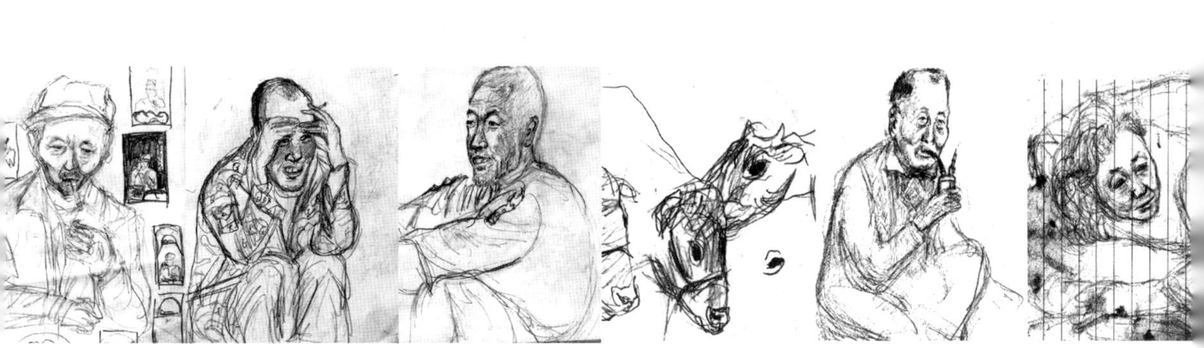

最晚回家的人

時空回到四年前的台灣。那時我因為做志工，到了花蓮的偏遠鄉村，在學校裡幫忙打雜。白天我跟小朋友玩在一起，輔導作業。到了傍晚，我就騎腳踏車出來溜達，吹吹涼風。那時我還沉迷於速寫，口袋裡總揣著一本小本計算紙，常在晚上偷溜出來，東張西望，東畫西畫。我是這樣一個寂寞的小青年，還又一邊沾沾自喜自作多情陶醉在這種被黑夜靜謐包圍的孤獨。我沿途望著路上看不清的山野田地，直到，有一幕讓我停了下來。

這是一個農民開著翻土機在翻地。從這頭到那頭，再從那頭到這頭，他開得非常慢，來來回回，以S形迴圈的路徑一行一行進行著。我看得出神，就掏出了紙，開始畫起速寫。

好不容易，他犁完了邊上的那行土。原以為要收工了，誰知他把車開到了旁邊，原來又有另一塊新的地要翻。他看我一個人坐著，就下車，問我在做什麼。這時，我才看清他的臉，方方正正的，有點木訥。為了不多作解釋，我說，我是美術系學生，在畫畫採集資料。這時，他臉上似乎有了光彩，語帶驕傲地說，他也有個女兒在台北，當了老師。

我知道這是台灣父母普遍有的心態。我的父親也是果農，在台中的和平鄉摩天嶺種著甜柿。他們從小就告誡我，要好好讀書，長大以後才能不必像他們一樣辛苦。而我確實也不辜負期望，從小到大就是勤奮用功的好學生，一路念到台灣大學，再到美國留學。然而之後，我卻選擇了一條截然不同的路。

為什麼不能在光鮮亮麗的大街上裝扮自己，而非要到這骯髒的角落，灰頭土臉？然而只有天知道，我不是在逃避。我有滿滿的，對生活的熱情，對人世的熱情。

他回到車上繼續犁著另一塊地。不知不覺，天已漸漸黑了。突然，我想到的是，人在做，天在看，他這麼辛苦地犁地，不知道老天爺有沒有看見？如果老天爺碰巧沒有看到，至少也讓我在一旁看著吧。讓他知道，自己的耕耘，是有人看見的。而且，不光是看，我還要陪他一起工作。

他犁他的土，我畫我的圖。雖然父母不同意，我還是遵從自己的內心，開始畫畫了。然而也就是從父母勤奮的身影，我瞭解了畫畫的本質不過就是耕耘勞動。像我這樣，這麼晚才起步畫畫，沒有功底，也談不上什麼天分。我知道自己唯一的優勢，就是像農民一樣，憑自己的雙手，開創自己的田地。

我畫了一張又一張的草圖。前進，後退，旁邊，側面。車底下的大輪子把田裡的雜草捲上來又拋出去。一大群白鷺鷥在背後等著吃翻上來的小蟲。天色已經全黑了。他打開車燈，翻土機仍然用牛速爬過田地。白鷺鷥都已飽食完畢，紛紛飛走了。這時跟在後頭，只剩下一隻瘦弱的白鷺鷥。

在大束強光的投射下，田裡的一根根雜草被捲上捲下，閃爍著星點般的光輝。我摸黑在筆記本上亂勾了一通。反反覆覆，其實畫得差不多了，但是一個念頭又支持我繼續站著：我要撐到比他還晚。人在做，天在看，天下沒有白吃的午餐。

這是最後一圈了。最後的那隻白鷺鷥也悄悄飛走了，這頓「燭光晚餐」由牠獨享，想必格外豐盛吧。

終於，他犁完了土。他仍然開著耕耘機，慢慢穿越旁邊的田，再慢慢地駛進一條小路，緩緩爬坡上來。車子總算從田裡回到地面上了，我感到如釋重負，可以回家了。

但是他卻停了下來，沒把車開走。他說，泥土沾到柏油路面不好。所以他下車，用手剝掉輪胎夾帶的泥土和雜草，先是前輪，然後是後輪，把土塊一一扔回田地裡。終於，我們才彼此告別。我騎著腳踏車回程，路上很暗，只有零星的路燈。

那翻土車的隆隆聲壓響了馬路。他開著翻土機來，也開著翻土機回去。只是車子的速度不會因為上了公路就變快。儘管我騎得很慢，我的腳踏車仍然輕易甩下了他。回頭看過去，最終，他還是撐到最後的人。

這一幕給我留下很深的印象。往後在陝北，我看到一群面朝黃土背朝天的人們，為了生存勤奮勞動著。現代化的進程飛速，這群農民活得很慢，他們是時代的尾巴，世界的遺像。每當看到他們勞動，我總不免把插在口袋裡的手掏出來，不願讓他們看到我遊手好閒的樣子。我知道自己沒能力去分擔他們的辛苦，只能勤勞地畫著他們，致上我對勞動的一份敬意。

母親在批發果菜市場　水墨 90x54cm / 2012

我的母親是賣水果的批發商，在我老家台中鄉下的果菜市場賣了三十年的水果。這三十年間，她早上六點就出門，直到晚上十點才回家。她每天有收不完的貨，算不完的帳，和忙不完的活。一年四季，她輪流陪著蜜梨、雪梨、水蜜桃、蘋果、甜柿、橘子，水果不休息人就不休息。老一輩的苦幹精神體現在她身上，她是標準的工作狂。她沒有花太多心思管教我，但是她所做的一切也只是讓我和我哥更好，沒有物質上的後顧之憂。除了工作，她對享樂一無所知，不輕易流露自己，但是天生的感情豐沛又讓她容易同情。她收容市場附近殘障的流浪狗，每天買一盒滷肉飯按時餵，或是買大骨頭煮上給牠們啃，這是她生活的一大樂事。她很辛苦，久犯失眠之苦，直到最近，從她日益凹陷的雙眼和臉頰，我才驚覺她已老了。在她看來我永遠是長不大的小孩。她常用一句台灣諺語對我說：「我路過的橋比妳走過的路多。」但是我的倔強讓我聽不進她說的每一句話。我總是能從書本和我有限的「人生經驗」中輕易反駁她說的話。但是，在心裡面，她的身影已留下了一個印記，她那孜孜不倦的身影實則已教會了我一切。我相信，每個平凡人的心裡都住著一個偉大的母親。

土裡土氣的土豆人

記得有個西安的小妹妹來魏塔，看我待的時間這麼長，雙眼瞪大。她說，小時候，只要兄弟姊妹不乖，她媽就會威脅：「再不聽話，就把你們賣到陝北吃土豆！」

農民們拉牛犁地，從遠處望去是田園牧歌的一幅圖畫。然而走近一看，焦炭般的土，被太陽曬得崩裂的大地，結痂的黑皮膚，卻讓人心生恐懼。記得村民拿鋤頭掏地時，最常問我的一句話是：「你們那邊，是用機器吧？」而他們，沿用的是千年流傳下來的農耕方式。農民們把裝滿糞便的木槽掛在脖子上，沿路撒糞，像是綁著古代的刑具。

這是一群「面朝黃土背朝天」的農民，彎了一輩子的腰，乾巴巴在地裡又挖又刨的，收成的卻是那不起眼的土豆。有一天我閒來無事拿起土豆，一陣死盯，發現這土裡來的小兄弟，這陝北人口中暱稱的「饅饅」，竟是如此「巨大的簡樸」。它就這樣攤在那裡，不管放了多久，還是一樣，一如既往地揪成一團。彷彿老天爺在創造它們時沒有琢磨心思去雕琢，又或者它就是老天爺捏造萬物的一團泥巴。我不禁想到，陝北農村人，正像這土豆，在土裡摸爬滾打了一輩子，彎腰駝背揪成一團。而歸根結柢，人類本質不也是這樣；是這樣，而不是想要變成什麼樣。

一方水土養一方人，黃土高原上寸草難生，但是碰上土豆，卻是氣味相投。只要把發芽的土豆切成碎塊，丟到土裡，隨隨便便就能繁衍出一攤的後代子孫。我曾跟過農民到地裡刨土豆。秋天，土豆是第一批收成的作物。看準了葉子冒出的部位，拿鋤頭一挖，剁拉一下那埋伏在土裡張牙舞爪的硬根，一顆顆的土豆就結黨成群現身了。男人刨土豆，女人就跪著用籐條編的籃子撿土豆。小孩樂得開心，脫掉了鞋子，踩在鬆軟的土裡，抓起土豆一口就啃，一會兒還踩在土豆堆上，做做腳底按摩，像是洗了一陣土豆泥巴浴。

土豆一年才一穫，卻也餵養了一代又一代的陝北人。陝北一大怪，糧食當作菜。乾巴巴的土豆煮熟擺著啃，也沒啥意思。多半時候，土豆偽裝得渾然不覺，悄悄滲透到每樣食物裡。土豆絲，餄烙麵，酸菜撈飯，用農民自醃的酸白菜，加上土豆塊，和過年殺的黑豬肉一起用醬油燴，油汁豐滿四溢。最讓人驚豔的是陝北特色小吃「洋芋擦擦」。以前買不起白麵粉，就把土豆擦成絲，沾水裹上麵粉，往鍋裡一蒸。沒兩下子，土豆絲就膨脹成一個個鼓鼓的小團。像施了魔法，兩顆小土豆的量，端出來上桌卻是一大盆子。舌尖上的中國，哪怕再道地再平民，都該把源頭追溯到這些窮人家的飯。

受苦人有的是無窮的方法。陝北的烹調，把由少變多的魔術玩得淋漓盡致。變來變去，總是不離土豆。我想世界上沒有其他地方會像陝北那樣，還想到用土豆來做包子的餡。單調的地理，單一的食物，生活卻也能像土豆一樣飽滿。

記得老蔣曾說，「人活這一輩子，就為了對付這張嘴了。」是啊，吃飯活命。這群炎黃子孫把所有精力都忙活在生存上，也僅僅是活命上，就像棵北方的樹，沒有婀娜多姿，只是一根枝幹通到底，然後一代一代循環反覆，把所有精力都栽在活命上。放羊是為了生娃，生娃以後讓娃再放羊，再生娃。生存是唯一的目的，且具有無上的意義。

是湊合著活，是好死不如賴活吧，但是在這樣的土地裡，活命即是革命。正是在這種近乎卑微的平凡裡，有一種偉大，而且是很典型的中國式偉大。安於生活的平凡，在貧瘠中頑強地把生命進行到底。而身為現代人，生活琳瑯滿目，卻面臨著生命不可承受之輕的焦慮。那些文明教給你的一切，會不會反而只是一種點綴，一種累贅？

老漢如老牛
老牛如老伴
歲月生白髮
黃土變綠田

拉牛的老人（左上）　水墨 66x50cm / 2012

兩個老漢晒太陽（左下）　水墨 69x47cm / 2015

抽完菸來吼一吼（右上）　水墨 69x50.5cm / 2015

一老一小一對寶（右下）　水墨 67x50cm / 2015

城市裡的山花

不知什麼時候養成了這個習慣。在陝北的大夏天行走於杳無人煙的山路，讓頭頂上的太陽徹底烤乾我的意志。

一年四季裡，陝北的夏天無疑是最「醜」的。因為綠化有成，已非畫家遙想的昔日光禿禿的山景。滿山怒抽的黃蒿和藤條，只見綠色東一塊西一塊，卻非綠油油，而是蒙上一層黃灰的乾渴。這要歸因於頭頂上毒辣的太陽，時刻直照，不偏不倚，連一點的陰影也不願施捨。

住在魏塔的期間，也曾回到家鄉往返城市幾次。城市眼花撩亂，連過馬路都不太會，與人交談，也倍感吃力。我原是熱血沸騰的人，怎能放任自己，在城市裡冰冷？

想放鬆滑了一圈手機，卻覺得比游泳游十圈還累。五花八門的資訊入侵，為自己沒型沒款沒品沒錢沒地位而焦慮。知道這社會分工很多，標籤貼得很細，要想有頭有臉的成功就要趕快「定型」，趕緊把自己包裝加工成一個「產品」。如果只是個沒型的「土豆人」，就注定要被埋沒在角落裡。

越往山上爬，植被越顯凌亂，最多的是腳下瘋長的「疙針」，矮到不能供人遮蔭。這是路邊野草長出來的刺，小到細細碎碎，卻又多到張牙舞爪，就像城市裡的閒言碎語，需要小步小步撥開穿越不被它刺到。但是有時也會想，浪費這麼多時間在閃避，還不如一步跨過，忍痛被刺也就順利過關了。反正它能刺人，卻也刺不死人。

我是誰？在城市裡，老感覺自己這也不是，那也不是。與其自我懷疑自我消耗，索性把自己那滿腔的熱血與拚搏的動力，砸在一個更值得的投資上。追不上這時代，那就退到後面去，重新掂掂自己的腳步，看看自己是什麼。我承認我還不夠有定力，所以需要用這種笨方法，阻隔開那些無謂的干擾。但不管怎樣，來到山上就算是自救吧，先老老實實地當個土豆人。我只願陝北的大太陽能烤乾那些焦慮，把心中懷疑的陰影照得無所遁形。

乾枯的焦土上，令人驚奇的是，居然還有五顏六色的野花在綻放。淡紫色的荊花，金黃的馬茹花，葉片都已被曬得乾枯，花也談不上嬌嫩欲滴，但是卻開得直白赤裸、理直氣壯。想起自己就像這山花吧，與城市裡的美似乎格格不入。髮質粗糙，毛孔粗大，我長得黑，自認是另類的美，帶點帥氣和野性。但是在城市我常感到自卑，只能駝背，帶著一點不自信。然而，老天爺給人天性，是為了讓人像山花，開展得漂亮自信。當山裡的花，頂著大太陽，專注所有力量在生長時，你會責怪她的姿態不夠優美嗎？

摧毀了安全，誕生了冒險。走出了舒適窩，我到農村是創業了，不是逃避。我在黃土地上，拿自己的生活去實驗。面朝黃土背朝天，我在努力培育自己淺薄的根，挖掘內在更深刻的真實。

這世間不需要我來主持公道正義。只有在繪畫面前，我才需要當仁不讓。我畫得不好，但是我願意從現在開始，投入全部的精力。我想用自己的方式，向生活致敬。

於是我還是繼續，穿越這些大山上的刺，只為奔向太陽的歸宿。

盆栽裡的台灣米蘭

我是誰？我從何處來，要往何處去？

看見農民要種又刨的，人一輩子忙忙碌碌，到底是為了什麼？而我，把自己鎖在世界的死角，曬得又乾又黑的，到底又為了什麼？

有那麼些時候，這些問題會沒頭沒腦地湧上來，無解的疑問，只能在日記裡發洩。記得一個農民曾笑著問我：「妳寫這些東西，是不是回去和領導報告我們這個地方能不能來啊？」

初來的新鮮感退去了，然而厚實的土地和現實仍然橫擋在眼前。問的問題，又硬是被生吞了回去。留下的是自己尷尬的矯情。

面朝黃土背朝天。我面向黃土，彷彿失去了初來時朝天的自由。

換到一個新地方，新鮮感會讓人忘記了問題，只是新鮮感一過，疑問，才漸漸冒了出來。原來，踏出了「第一步」還不夠，平凡無奇的生活，才是真正考驗的開始。是不是因為這樣，我才用下鄉這種極端的方式，反其道而行來證明自己？旅行本非我的目的，我要的是下鄉，下放，一層一層扎根，在土裡重新種出自己。只是，播種前得先抵禦黃土的吞噬。老鄉在地裡又挖又刨的，為的是貨真價實的活命，不是我意想的浪漫。說白了，歌頌

休息中的農婦 油畫 55x70cm / 2012

了這麼多的勞動，我敢真正變成陝北農民，沒有提款卡，沒有健保卡，一輩子用肉身搏鬥明天之後嗎？

而這也正是黃土地教人的。磨練讓人像黃土一樣愚鈍，但也收穫了厚實。從此說再多都是忽悠，終究還是得被收編到土裡。

一個畫畫朋友家的客廳裡養了一盆「台灣米蘭」。葉子快枯萎了，她問我要怎麼上肥料。我說我們那邊不用怎麼照顧，一年四季都還是常青的。她聽了有感而發，對我說，妳就像是這盆嬌貴的台灣米蘭，妳想當一顆土生土長的土豆，可是妳不可能。

在城市我渴望當一朵山花，等到來到山上，卻發現自己只是個台灣米蘭。我的根還沒長穩，就在抱怨周圍的土壤，讓自己不能發芽，開花結果。

待了整整一年，看到陝北一年四季自然界驚人的變化嗎？春天的冒新尖，發願，夏天不知害臊的歡歡喜喜密密麻麻，怒放狂生。秋天由老綠死綠轉為金黃，再將金黃慷慨捨落一地，全面改版升級2.0。直到冬天強壯抵禦，堅硬生挺。欲望、奮進、蛻變、堅守，實為生物界的自然道理。循環反覆的歷程，貌似默然無語，樸素無華，實則早已脫胎換骨，常轉自新。反觀人的一年是否有像自然界一樣強的生長力度？

回想起自己過去的生活，工作、疲憊、休閒、麻痺，城市文明的巨輪何以輪轉成如此萎縮的迴圈？運轉的速度是這樣快速，不斷推陳出新，目不暇給，然而我始終有一種感覺，覺得自己是在原地踏步。如今帶著文明舊有的軀殼，我跑到黃土地，以同樣麻痺的心發句牢騷，問這裡帶給我什麼意義。只是我為黃土地作出了什麼貢獻？來了四年，唯獨的貢獻只是在茅廁裡留下一坨坨實實在在的天然肥料。

回想起剛來，我還曾經誇下海口要「認養」土地、「解放」農民。然而，最後究竟是誰被認養了？又是誰才需要被解放呢？農民的公平正義何嘗需要你來伸張？人家好端端幹活呢！心不累。唯獨我時刻懷疑自己的生活不夠崇高，時刻被無以名狀的生活意義給束縛。這樣活著的心，被思想五花大綁，比農民還不自在。為什麼活著，需要這麼多的意義，來支撐你？

農村不需要我，而是我需要農村。我要尋根，尋找自己的價值與意義，結果尋到的是自己的自大和無知。回頭來看，我要「認養」的土地，我要「解放」的農民，其實一直在養育著我，而我卻忘了扎根、感恩。

你願意去改變體制，還是改變自己的體質？你願意去革別人的命，還是去革自己的命？

我可以說說我的心路歷程，我怎樣拋棄了燦爛似錦的前途來到陝北，放棄什麼工作和薪資，來這裡吃了什麼苦。然而這些個人奮鬥的故事，與面前低垂飽滿的小米相比，似乎顯得蒼白無力。又或是午後微微的光線射向庭院，蔣嫂獨坐著撕豆角的畫面，永恆如山裡的石獅子，靜靜眺望著村子。

這樣的生活是如此平凡，但也讓他們奉獻了一生的力氣。

我可以書寫我的信天遊，但是這樣的歌，卻比不過他們心裡吟唱的信天遊，來得揪心，來得深刻。對於命運，他們不去質疑，更多的只是默默承受。

於是我只能不知疲憊地，一次一次畫著他們的臉，想著他們的莊嚴。這是我從他們身上學到的，也是我唯一能奉獻給這片土地的。

革自己的命。下放到平凡，看看當下，實實在在做好自己的本分，這反倒就是扎根，反倒就是一種樸素的革命。

縫鞋的老奶奶　油畫 55x70cm / 2012

修身養性的和尚活

所有的農活，我大致都沾過。但是說實在的，農民的鋤頭比想像中沉重，沒幹過的人會讓手起泡不說，一鋤一鐽挖地，倒像是打石頭，一斧一鑿回砸到身上，等於拿鉛灌肌肉。為了不妨礙收成，只好收斂我那自私的新鮮感。唯一一項農活我還勉強能幹，那就是「鋤地」。

這活不費力，倒是有點像和尚磨耐心，修身養性，有幹沒幹就那麼一回事。在陝北夏天，村民形容「可燒了」的季節，我和老蔣蔣嫂扛著鋤頭，在田地裡把莊稼周圍的草，一根一根掏出來，丟到旁邊。陝北人握鋤握得近，比較重，但是可以鋤得精細，每個小角落都能悉心呵護到。只是晚上一下雨，翻出來的草頓時又全部豎直，重新活過來了。

我曾問蔣嫂，為什麼還要鋤地呢？好不容易鋤了大半天，草又都長回來了，這樣有什麼效益可言嗎？蔣嫂笑了笑只是回答：「每天該有每天要做的事嘛！」原來，這就是勞動，天天幹，年年幹。這也是農村人聽天由命的人生哲學。是什麼就是什麼，該做什麼就做什麼，早上要餵牛，中午要背柴，下午要拉牛，一天就完成了，一生也就這麼過完了。

過一天算一天，走一步算一步，說來消極，但這就是他們安身立命的處世方法。面對天地不仁，他們只能平和接受。有時天災來臨，「辛辛苦苦忙一年，黃米殼殼不冗麵」，他們卻從未失去對上天的信任。老蔣曾說：「人皮哄地皮，地皮哄肚皮。」只要真心真意對待土地，土地是不會虧人的。

陝北最道地的農作物——小米，就是農村人悉心呵護的結果。相較於大咧咧的玉米，屬於強勢品種，苗大，空隙多，可以噴除草劑除草。小米長得密，一年要鋤三次地，不然就長不高。而且收成麻煩，回去要用鍘刀切，要打鎌架去籽去皮，還要把泥土和小石泡悉心挑走。只是這付出的心血沒有白費。在寒冷的冬天早上，能喝上一碗熱騰騰的小米稀飯暖暖胃，那喜悅真是無法比擬啊！

人在做，天在看。天公疼憨人。受苦人這樣對自己說。只要活幹了，汗也流了，那就問心無愧吧！就好比辛勞一年的莊稼人把第一垛穀穗纍在土場邊。然後，往那一坐，汗一流，風一吹，抽上一袋旱菸，安詳看著眼前金黃色的收成。任憑風吹過，什麼也不管，只是純粹享受。

農民鋤地，一鋤一鐽；農婦縫鞋，一針一線。農村人就是這樣簡單，吃飯幹活，幹活吃飯，把勞動融進血液，不以為苦。唯有勞動，才能讓人體會苦與樂之間幽微的辯證。農村人常說，苦中有樂。他們一笑起來，也往往是在如山溝般的眼角皺紋間擠出苦澀的淚水。

記得村裡的「小個兒」曾對我說：「妳這娃啊，能苦又能甜！」久而久之，我也效法農民，把畫畫當勞動了，天天幹，年年幹。的確，我在畫布上揮舞的一筆一畫，何嘗不是效法農民的一鋤一鐽，農婦的一針一線，在苦中參悟樂呢？我不是光明正大的生產者，頂多就是個假農民，在畫布上兢兢業業耕耘，一五一十幹好我的活。畫完，也就無愧於心了。

秋天，正值豐收，村裡人會收回糜子，用鎌架打出穀粒，然後靜待一個時機。大風吹起，每家每戶紛紛拿出了耙子，把穀穗往天上一拋。此時，天空中揚起一片金黃，穀粒一顆一顆往下掉；至於灰塵和沙，則被風帶到另一個地方。不費吹灰之力，上天成了一個最偉大的簸穀機，農民的勞動化成了一首首歡快的信天遊。農民們好像和風玩耍著，他們臉上揚起了笑容，讚嘆著：「今天的風可美了！」

與風玩耍──那是最偉大的藝術，也是最自在的生活。曾經他們是一群面朝黃土背朝天的人，然而此刻的他們仰起了臉，回敬太陽一個燦爛的微笑。他們與天共處，聽天由命，因而放心把命運交到老天手裡，信天而遊。

揚場的光芒 油畫 60x80cm / 2014

公務員般的流浪生活

清晨，太陽打在山上成了赤紅的銅牆鐵壁。沒有照到的地方，一片冰凍，地上的小草結成了點點的白霜，在冰凍中靜靜矗立著。山底下，白色的炊煙凝結，升起了人類家園的溫暖。

蔣嫂做好了早飯，一歲多的孫子，伸長了脖子，等著吃小米稀飯。電視上的法治台播放著《結婚前猝死的新娘》。一陣光怪陸離的蒙太奇，毛骨悚然的藍紫色，顛倒、交錯。一個瘦削女孩蜷曲在幽暗的角落，窗簾拉上，眩暈、幻聽，害怕有人拿刀殺她。另一個死者是一個九〇後的新娘，照片笑容甜美。臨死前她發出最後一條微博是：「吧台前又暈倒了，日子沒法過了……」經由調查，她們都長期服用一種「綠S減肥膠囊」。後來警方循線找到一家廢棄工廠，發現大堆散落的塑膠袋裡，包著吃不死人的麵粉、奶精、葡萄糖，以及最後是致命的安非他命。

院子外赤紅的陽光慢慢爬到了山腳，整座山顯得輝煌燦爛，然而院前的玉米堆依然包覆在凍結的冰霜中，動也不動。我們生活的現實，也如秋天的陽光，把一個世界，劈成了兩個國度。

流浪、畫畫，聽起來很夢幻，很浪漫。有人聽了我的故事，還以為我的生活是很精采傳奇的，能遠遠逃離這個醜陋的世界，住進自己的世外桃源。但是說實在的，平凡如我，從來不覺得流浪等同輕鬆。

雖說「不務正業」，沒有週間週末的上下班概念，但是日子好像得到了濃縮，比上班族還要操勞。模特兒不休息人不休息，只要山人牛驢還在，就沒有下班的時候。每天早上七點起床，然後畫畫，中午回來吃飯，然後畫畫，晚上六點再回來吃飯，然後畫畫。一天的生活莫過如此，而一年的生活莫過於如此。我就像個公務員。自製一個小月曆，標出日期貼在牆上，每天晚上會在上面的小格寫著二或三，記錄我今天畫了幾張畫。就好比在自家「單位」裡簽了到，內心也就踏實了許多。

不知不覺，在魏塔已度過了一個四季。畫畫對我來說，也變成了天天缺一不可的勞動，就像農民沒事也會出門鋤地。從書桌透過窗戶往外看，是靜謐的院子，幾隻雞空空地啄著地面。我不免會遙想，在這被層層疊疊的山包圍的院子之外，有個光怪陸離的世界。外頭的世界是多元混亂的。資訊在爆炸，思潮眼花撩亂，人心總在浮動，畫畫到底是為了什麼？調劑撫慰昇華療癒，一切能讓心靈向上的東西。依賴沉迷上癮幻想，一切讓靈魂墮落的東西。畫畫的理由聽起來如此積極振作，真正操作起來又讓人無力脆弱。

鄰家開始了一天的幹活，扳起了玉米棒，裝進三輪汽車。我走到院子裡，蹲在地上，裁起了油畫布，再拿出釘槍，繃上畫框。最近我迷上油畫寫生，就是喜歡上那結實的勞動感。從準備畫布到扛畫架出門，都是一門體力活。然後，背起畫具，我走到村裡的各個角落，一幅幅畫著那些感動我的山與人。

夏耕鋤地　水墨 69x41cm / 2012

播種　水墨、壓克力 70x45cm / 2014

沿途走過，迎面而來的老鄉看著我，不免會說，妳來這裡受苦了嘛！而我總是笑著回答：「你們的苦重，我們的苦輕！」我明白我是心甘情願來到這片荒蕪的田野，接受「勞改」。一出門，光是輕輕拂過的風，好像就足以喚醒我沉睡的感官，讓我在田野上乾站一天也不覺得累。看到那飽滿結實的莊稼、勤奮勞動的人民，我的內心也充滿熱愛，唯一能做的就是讓一筆一畫更加賣力揮舞。

生猛，每時每刻撲面而來的真實。逮到就想畫，就像貓碰到老鼠，計程車司機瞄到一隻高舉的手。迎面而來，都像第一次接觸，根本來不及思考，只能快、狠、準，捕捉。這是「當下藝術」，拋開所有套路、想法，一切臣服自然，只想不擇手段不計後果描摹。這也就是寫生，直面現實，直擊畫布。結果，就是你在生命的時間軸上，刻下了高濃度的印記。

總有畫家來對我說，畫畫最重要的是要「有思想」。他們討論著要破除學院派的畫法，要有自己的感受與想法。又說我這樣單槍匹馬的，就像是「武大郎挑扁擔」，勸我該走出去，看看更多人怎麼畫。我不是不瞭解外面藝術界紛亂的思潮。然而，在這住久了，和農民一樣，我已漸漸學會了去生活，很少會拿一些思想或意義來綁架自己了。如果說人生意義需要實踐，畫畫何嘗不需要實踐呢？為什麼這麼多人尋找藝術，卻求得了枷鎖，而非解放？

今日，在這藝術的殿堂裡，多少人在裡頭較勁、較真，投入了多少思想、理想、幻想，進而失控、瘋狂。最終，藝術成了那神奇的綠S減肥膠囊，讓人夢想能搖身一變，成為閃亮的明星。而畫畫的初衷，簡單的快樂，早已含糊不清了。

看著眼前架好的這塊空白的畫布，我想著，人生意義也許就像這樣空白吧！但可貴的是，我可以用自己的力量去開墾、去實踐，去創造出一片生之圖案。

生活，然後畫畫。以我有限的積蓄來看，在魏塔一天生活費四十元，一年生活費一萬五千元左右，畫畫還能算是一門奢侈的特權，讓我可以相對從容摸索一條出路。在這裡，面對空白的畫布，就像是面對空蕩蕩的自己。當畫著這些樸實的山與人，我彷彿也在他們身上，找到了最自在的自己。回頭一看，畫布上這些有血有肉的人，將見證了我全心全力活好我的每個「當下」。

畫畫於是成為我的勞動。這樣的勞動，不比其他的勞動高貴，而正是像鋤地這種體力活，不為了結果，只為了一種實實在在的過程。或者說，勞動，會不會是一帖治療現代文明精神病的最佳處方？

記得當初來陝北，我也曾想像梵谷那樣熱情揮灑畫筆，獻身藝術，但是每當我有這樣的念頭出現時，畫著畫著老是出了異樣。也許是過分神話了我的主角，也許是過分貶低了他們的存在，總之我筆下的陝北人失去了一種平凡的樸素，我也失去了一個普通人畫畫的快樂。

遠處，牧羊人在吆喝著：「喔咿，喔咿。」指令帶著輕快的秩序。傍晚，放牲口隊回家了，村民集中在村中央的十字路口，認養著自家的驢和牛。小牛亦步亦趨地緊跟在大牛之後。八十多歲的大婆依然在村口，瞭望著底下村子的一舉一動。她用手扳著豆角，說她今天難得串到山溝底下，結果回來，窩裡少了兩隻兔子。

小黃狗啃掉了西瓜肉，鴨子再來善後。蜢子飛來飛去，習慣在人身上等距離地吸上三口。常雨琪一個人蹲在院子裡的地上，要哭不哭。貓用後腳搔著她的臉經過。老蔣的親戚從西安過來了，他們嚷著說要打麻將，不押錢，就押畫。我笑著說，儘管拿我的畫去押，押一張，抵十萬啊，一次別押太大。

畫畫，不為什麼，只是單純的喜歡。面對自己，不抬高，也不貶低，就是真誠如實的愛自己。就像是地裡的莊稼，自然而然地生長。

玉米垛前的一對夫妻（上）墨、蠟筆 38x26cm / 2014　**雪地的一對牧羊夫妻**（中左）墨、蠟筆 35x28cm / 2015

歸（中右）墨、蠟筆 38x26cm / 2014　**打鐮架**（下）墨、蠟筆 38x26cm / 2014

牛驢們的生存狀態

在農村生活，可以每天和牛驢羊雞這些動物碰面。開始是一種新鮮，漸漸我學會了觀察，與牠們相處。當我伸出手去觸摸一隻驢厚實綿軟的大白嘴，另一隻也會湊過來讓你摸；抱著一隻小羊羔，就會有些小羊羔衝你咩咩地叫。牠們似乎像人一樣有著某種人性。而當我在正午時看見一群陝北老婆和老漢懶洋洋坐在樹蔭底下曬太陽，又會覺得他們像一群牛驢坐臥著，似乎也有某種動物性。就這樣，人性和動物性在這個村子裡雜居混合。不知不覺待的時間長了，我也像牛驢一樣待傻了，享受一種單純自在的狀態。我喜歡觀察牠們，並用筆記記錄下來。

放牛吃草

在魏塔，牛驢是集中管理的。每天一早，家家戶戶會把自家的牛驢集中，接著按輪班制，派兩人一前一後放牲口。一聲清亮的「放牲口囉」，拉開了序幕。只是，這隊伍並非整齊的茶馬古道商隊，反而像是村民在溜牲口。一出發，這些牛驢都是瞇著睡眼打滾一陣，然後再懶散站起來，好像在海灘上散步的老爺小姐。我本想畫畫動物的姿態，結果牛驢一下子蜂擁而上，擠得我落到最後面，乾巴巴地瞪著這五、六十頭牛驢的大屁股。牛很悠哉，走沒幾下還微微拉開尾巴，露出了屁眼，邊走邊拉了幾大泡綠屎。蒸氣湧上，鼻子裡都是牠胃裡消化過的青草味。

驢的鈴鐺在隊伍前方叮噹響，牛在後頭哞哞地叫個不停。有的不時抬頭拉出長舌頭，舔起了橫長在山坡邊的樹，有的直接就被鮮嫩的野草拐到了坡旁，獨自脫了隊到一旁享用美食。值班的村民鄭粉粉生氣了，罵了一聲「你爺爺的」，掀起了一把土，往牛背上砸去。牛一驚醒，連忙拔腿往前走。一片雲飄過，樹裡擦起了沙沙的聲音。

雙胞胎羊

鄰家有隻大羊，生了一對雙胞胎，奶不夠，只夠餵一隻羊羔。老婆婆好頭腦，買了「蒙牛」出的純牛奶包，泡在熱水裡加溫，放在奶瓶裡，每天按三頓餵這隻小羊羔。只是此舉無異於「引羊入室」，不管吃奶時間到了沒，羊羔都會溜進來屋裡串，床鋪上、窗戶邊、水缸蓋上、切菜板上，能爬的爬，能跳的跳，把窗戶上的白色窗紙撕個稀爛。老婆婆對這隻羊沒有絲毫的憐憫之心，總在奶瓶被吸空的那一剎那，就把牠一腳踹開，並且鄭重告訴我們要把大門拴好，家裡所有東西一律加蓋，不准落地。

夜裡的羊欄

晚上的羊欄，傳來了白天聽不到的聲音。

風吹來，一隻羊打了噴嚏，哈啾——哈啾——

不知哪隻羊吃了草帶渣，呸——呸——

中間有一大塊空地，給小羊跑來跑去。有的舔大羊的耳朵，有的騎到同伴身上。落單的像嬰孩般叫著，哇——哇——

風又來，吹響了輕微的鈴音，暗處裡躲了一隻驢在吃槽裡的草，叮叮——噹噹——牧羊人來了，帶著手電筒。他一把抓起小羊，辨別長相，把牠們一隻一隻丟回各自的媽媽身邊去。這些羊娃娃只懂得玩，不知道要吸奶。於是，又是一陣一陣的嬰孩聲。哇——哇——

圈裡的豬

農村的黑豬是最幸福的一群，多半都是懶洋洋地在稀泥裡打滾，等著村民給牠們熬製的「湯泡飯」（南瓜和玉米粥），從腦門上灌下去，還賴嘟嘟地拱起嘴，稀裡糊塗地把地上的爛泥也捲進鼻孔裡。只是有一次，我看見一頭被拴起來的豬，一圈圈繞著樹樁子跑，不一會兒像個煙霧陣消失在一片樹叢裡。等我再往前，我又碰到了另一家人在殺豬，豬正在哀號的場景。我才明白剛剛那頭豬是掙脫繩索逃生去了。原來，豬確實是矯健聰明的啊。

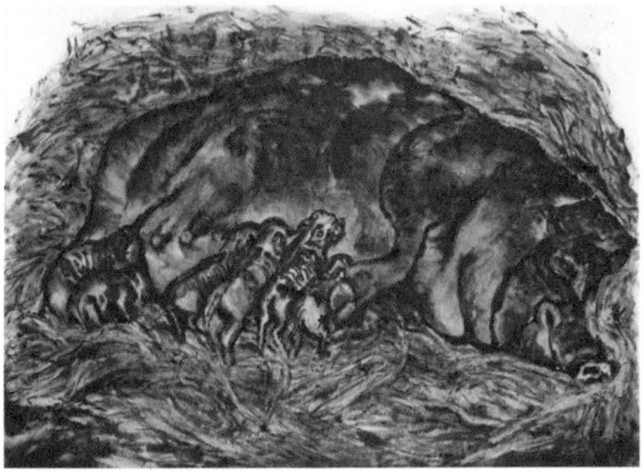

牛隊（上）墨、蠟筆 108x54cm / 2014

驢啃啃脖子工變工（左中）水墨 45.8x65.5cm / 2012

夜晚的羊欄（右下）水墨 43.4x69.4cm / 2011

豬喂奶（左下）水墨 70x96cm / 2014

驢啃脖子工變工

驢有一種習性，就是會面對面交錯，有默契地啃著彼此背部的毛。這就是陝北人說的「驢啃脖子工變工」，脖子的地方搔不到癢，就請同伴來幫忙。像人一樣，也算是利益交換吧。

碾玉米的驢

一聲「啐噓」，騾子開始圍著碾盤走，進行最古老的穀物研磨。第一步是「土法碾穀」。隨著兩片齒輪的摩擦，「玉米殼殼」會慢慢被擠到圓圈外。這種初步的玉米可以餵豬。接著把玉米重新往圈裡倒，碾成更小塊，用畚箕一簸，糠皮飛出去，變成完整的玉米仁，就可以做成玉米飯。其他的，就用來磨成更細的玉米粉。過了一個小時多，玉米粉經過來回地篩，分成幾座小山丘：一毫米大的，可以熬成稀稀糊糊的玉米粥，篩得更細的，可以做成「窩窩」；再細的，可以蒸成「黃饃饃」。

高原上，突然一陣大風颳來，一粒粒的黃土飛起，與玉米粉攪成一團。饃饃，窩窩，還是黃土，早已傻傻分不清。眼睛被蒙上胸罩的騾子，繞了一百來圈，開始口吐白煙、雙腿發抖，恐怕也是陷入昏天暗地中吧。

與向日葵為伍

我與向日葵站成一排排兄弟，面對陽光，笑出了一排排的牙齒。就是愛這陽光燦爛的植物。莖比人還高，花比臉還大，一棵棵兀自挺立在廣闊的大地上。黃色的花配上黃色的大地，兩者有著注定的基調。雖然，這塊大地廣為流傳的代表花是山丹丹，但我總覺得向日葵的樸實直率更符合陝北人笨重的性格。沒有多餘的婀娜多姿，一根直腸子通到底，是太陽的肉身體現。

向日葵的一生，也體現了陝北一年到頭的生活氣息。當夏天的太陽燒焦了大地，向日葵卻不畏強光強熱，挺直脊梁，直視太陽。直到秋天，當萬物急於展現飽滿豐腴之姿，向日葵卻垂下了腦袋，拖長了脖子面朝黃土，等待犧牲的那一剎那。鞠躬盡瘁，卻並未死而後已。農人提回了沉重的頭顱，摳出了密密麻麻的瓜子，儲備起來，留到冬天，接待座上賓客，讓彼此在閒話家常之中能打打牙祭，度過漫漫長夜。

有天我拿起了結實纍纍的向日葵，乍看，像一圈圈的同心圓，細讀，才發現無數的螺紋輪轉迴旋，像是要搏命掙脫出這層層疊疊的六道輪迴。一如既往，苦盡甘來，面朝黃土背朝天的陝北人還是像向日葵，露出排排的牙齒，苦中作樂地望著太陽傻笑。

第三章

紅紅火火鬧人間

胡亂發情的驢叫藝術

一個人唱歌難聽，會用「像驢叫聲」來形容。假如我說陝北民歌唱起來像驢在叫，會不會對這門傳唱千年的古老藝術太不尊敬了？

我是在魏塔第一次聽到驢叫聲。乍聽驢子這獨特的嗓音，還真教人難為情。聲音之大可比獅子老虎，聲音之奇，連百獸都會目瞪口呆，「怎麼這麼難聽，還叫得這麼大聲？」那一伸一縮的哮喘，像是人在發情。明明村子還沉浸在古老田園的幽靜之中，驢子卻不知少了哪根筋，不分青紅皂白叫起來，自顧自地叫到自己爽為止。那叫聲先是雄性氣概十足，倔強地朝天拉起了一聲長吼，接著卻好像一個充了氣的軟囊被踢了一腳，一陣憋屈，開始上氣不接下氣哮喘了幾聲。那聲經由肚子裡的某種腔體，一伸一縮地推擠到了鼻腔。有氣要吐，卻總是憋著吐不完的氣，只能用鼻音嘔咿嘔咿地一陣低鳴。到最後吐不出氣了，驢只好悶悶地往地上踹了一腳，大大的鼻孔還要噴出幾道白氣。

同樣地，人在憋了一肚子氣以後，總要有一個釋放口。走在黃土高原上，當你攻頂了，征服了一座山了，你那睥睨世界的野心並沒有被撩起；伸出雙手，天地的邊界也沒有在你的掌心裡被捧起。你所見到的，不過是一群群和這山平起平坐的山頭，永無休止地堆疊環繞。原來，在這片漫無邊際的「山海」裡，山，只是一片偶然激起的浪花。而面朝黃土背朝天的陝北人，就在這裡天天重複著單調的農活。偶然抬頭，見到對面山上有人了，想要拉一拉話，但是「一個在那山上，一個在那溝」，彼此拉不上話，就只能無奈地招一招手。說到底，陝北人就像是忍辱負重的驢，而這片黃土地就像是一個大大的碾盤，他們大半輩子都在上頭轉圈圈，轉出了一肚子的苦悶，卻轉不開自己的那方土。

然而陝北人並未把自己埋沒在這塊貧瘠的大地裡。人越悶，聲音越猛。他們開始學驢那樣，從腹腔裡來往鼻孔裡去，朝天嘶吼。那吼出的一聲，經過了胃裡憋著的一把沒被消化掉的土，也穿過了鼻子裡黏著的一把鼻涕，帶著混濁黏濘的黃色。像驢一樣，那聲音是種弔詭的混合體，是為了永遠實現不了的欲求而奔喘著氣，又是為了死命甩開自己的悲憤而用力吐氣。那一聲撞到山壁上，竟又彈了回去發出了回音。吼得人驚喜了，好像吼出的那一聲鑿開了一條與山溝通的管道。為了讓山能聽到，他們總是懷著滿腔的激情，毫不保留地亮開自己的胸膛，向天向地一頓扯心撕肺。「女人悽惶哭鼻子，男人悽惶唱曲子」，從哭鼻子到唱曲子，從出一口氣慢慢演變成唱一首歌，這群農村人終於找到釋放自己情感的出口。

那是一首首唱給天地的歌。那高音嘹喨到要直衝天際的腦門，那低音又像是要滑過一溜溜的山溝。有時輕柔，娓娓訴說，像是要撫摸山的臉頰；有時狂吼，像是在控訴這片土地的悶不吭聲。有時唱歌的人只是想亮一亮嗓子，於是他先是騰空嘹喨的一聲嘿，然後再試試翻滾幾下哎嗨喲，這聲就彷彿在層層疊疊滾動的山頭上，翻了幾個觔斗。唱歌的人於是又學會與山玩耍，他開始悲也唱樂也唱，隨時隨地連走路連種地都要隨心所欲，信天而遊。

陝北民歌，可以說是人在極度苦悶之中發出來的吶喊；陝北腰鼓，是人用手舞足蹈來積極回應悶不吭聲的黃土地。在現實生活中這是一群如土地如黃沙再也平凡不過的小人物，然而他們迸發藝術的活力卻像是一頭頭的驢，時刻準備踢館逆襲。生命力頑強的他們並不甘於苦，而要像驢那樣倔強地回應天與地。這種粗野奔放生澀不修邊幅的表達方式，使他們可以在中國傳統文人墨客講究雅致品味的高雅藝術中殺出一條血路。婆姨剪紙，用刀剖心剖肚，把汩汩的血液與濃情注入到那未斷的紙片裡；婆姨縫布鞋，一針一線，縫出他們綿綿密密無以寄託的思念。就連是葬禮，面對死亡，他們也要遊戲人間，敲鑼打鼓，殺豬宰羊，把事情辦得紅紅火火。掬起了一把黃土，風又吹走，這群唱歌的人學會不去留戀，也不再回頭。

是喜是悲？是真是假？說是藝術，卻見到上上下下，都是真槍實彈，死去活來。誰也沒想到，原來這就是人類歷史上民間藝術的魂，是大苦與大樂，大喜與大悲，用大紅大火鎔為一爐，用煉金術把一粒粒貧瘠粗糙的黃沙鍛冶成一粒粒閃耀亮眼的金子。上一秒你還跟隨著信天遊的高音飆到天際，下一秒他就把你狠狠甩在地上，懲罰你的不知天高地厚。原來，藝術不過就是騙術與魔術，在中間切換遊走。它是人類自欺欺人的把戲，是人類自娛娛人的一齣鬧劇。然而，它的初衷，為了消化掉那總是企求不到的悲，那總是背在身上甩不開的苦，卻總讓天地鬼神也為之鼻酸，為之動容。

今天，陝北的民間藝術在國際舞台上大放異彩。當腰鼓隊挪到了舞台，動用全身上下的筋骨，使出在山裡活蹦亂跳的猛勁在舞台上敲敲打打，總是嚇壞了椅子上斯文儒雅的觀眾。當民歌手踩在星光大道的紅地毯上，吼出了那驢子般的吶喊時，評審和聽眾總不免要故作鎮靜。初看的人不明就裡，以為那群人一定是著了魔，才能如此忘我地胡亂發情。而原本他們

黃土高坡高歌（上） 水墨 107x51.5cm / 2012

田地裡（下） 油畫 60x80cm / 2014

的舞台就該是那片能教人悶到發瘋的黃土地，只有在那裡才撐得起他們血脈賁張的激情。

紅、黃、黑，是陝北藝術體內的基因。紅色是她的血，黃色是她的肉，黑色是她的頭髮。而我不顧家人反對，不管世俗眼光跑到陝北，披著亂髮在山溝裡跑上跑下，這個老鄉眼中的「瘋婆姨」，是不是在體內也潛伏這樣的藝術基因？

想起台中老家的果園。山頂上尚未被開荒的山林，高聳地像雲海般簇擁到天上，見證著這片山的原始痕跡。山的坡形比黃土高原更加崎嶇陡峭，沒有鬆軟的土，只見堅硬的石頭陡直矗立。滿山荊棘，長滿了野生的蕨類，奇形怪狀。無法想像祖先在那裡如何開天闢地，從山上一路披荊斬棘，再精心布局出一片星羅棋布縱橫阡陌的灌溉田地。這種冒險犯難、胼手胝足的精神，無疑是原始的台灣力。

當我踏上這片土地來尋找藝術的根，卻看到了生活的空心，民間藝術的凋零。時代逼人吃飽而後思淫欲，我心裡惆悵，想著當今是不是根本不適合搞藝術，是不是只有特苦逼的古早人才能搞出特牛逼的藝術，而我來到這裡到底是為了什麼，骨子裡就是個小資，畫的畫也不過就是小資的情趣，成不了什麼大氣候，又何必裝逼地跑到農村把自己整得那麼苦逼。然而每當聽到那聲驢叫，那直率坦白到令人難為情的聲音，我就不自覺地想起了藝術的魂。說到底，藝術的初衷不過就是一聲驢鳴。有話就說吧，有氣就發吧，壓根不管別人是不是把你當成一隻猛發情的傻逼。

橫掃山頭的演唱會

在陝北的遼亢壟溝裡，有一種樂器。它發出的聲音可以頂住山窩的擠壓，可以在萬壟之上凝結成氣。它短小精悍，隨手易帶，從吹手的腔體裡得到力量，再從那看似直直的管道裡發出倔強的聲音。就像一頭驢的彎曲肥腸中憋著一口氣，牠是那樣倔強臭屁，以至於要把整個腮脹滿才能飽含住牠的仙氣，才能和這滿是土垢的槽牙一起，帶著唾液把整個村子喚醒，又在它迂迴的長鳴聲中爬遍整個山脊。這就是嗩吶，不是陝北獨有的，卻和這山、這地、這人一脈相契。

嗩吶的聲音要怎麼形容，我絞盡腦汁，最後只能用顏色來說明。在我聽來，嗩吶能吹出黃色，黑色和紅色。黃色是陝北高原赤裸的皮膚，是地上結起的土疙瘩，是哀愁的鼻子上黏了一把大鼻涕。黑色是陝北人的驢脾氣，是磨破了的爛布鞋，是炕邊天天見的那口大黑鍋。紅色是北風擦破皮膚的腮紅，是冬天冰河上撒歡的娃娃露出的屁股蛋，也是陝北人火辣辣的愛恨情仇。

白天，嗩吶隊就像是一群紅軍，開始了他們的長征，遊走在山裡的道道卯卯。他們已經懂得在陝北這片土地上行走混飯的道理。他們不扮土匪，也不裝流氓。他們吃一口黃沙，吐一口唾沫，用胸腔裡發出的倔強，與這片大山搏鬥，與這片高原為伴。在這「紅軍」橫掃過的地方，場場都是演唱會，處處都是爆滿。粉絲不光有人、老漢，還有黃沙、塵土，和蒼天。

哨吶（上）　油畫 30x100cm / 2014　　**出一口氣**（下）　油畫 70x170cm / 2014

千古以來的「八大碗」

一大早，禮炮朝天上放了幾聲響，全村頓時彌漫一股騷動的氣氛。羊聽了有些面露驚恐，好像這聲音喚起牠們獻祭的世代宿命；狗聽了很開心，心裡盤算著這頓可以啃到多少骨頭；一向跑龍套的雞，好像往地裡啄得更勤了；至於老婆老漢，則是一派優閒，慢慢朝嗩吶樂聲的方向移動。終於，他們可以換換伙食，不用吃家裡的饃饃和小米稀飯了。

今天吃的是今年村裡第八次的「八碗」。八碗，指的是陝北人在婚宴或喪葬的宴客菜肴，包含八大碗葷食，有豬肉、雞肉、羊肉、牛肉、魚肉、丸子、排骨、豬肘這些上等菜肴。然而，光說這些並不能概括這場面踩著黃沙的盛大，所以最好還是從盛放這些八碗的碗說起。首先，這些碗是千年碗，據說從古到今用的都是同一套，無論是王家結婚了還是李家死了，都是這一套。它們被鎖在魏紅家旁邊的窯洞，在一個堆滿農用器具的破窯洞隔壁，只有時候到了才能出來見光。每次活動，村裡就像一個大班級，還會有一張表，標明每個人在八碗裡扮演的角色，誰是主事，負責總體事務，誰負責切菜剁肉，誰負責招待端盤，都有一套規矩。每次活動之前，主家的左鄰右舍老早就開始動員起來，要撐起全村將近百人的胃。

在中午正式吃八碗以前，會有一碗麵暖暖身。只見三、五個壯丁使盡全身吃奶力氣，扳下壓麵機的大鐵棍，像是黃河船夫扳起了船槳，使勁與奔騰洶湧的激流搏鬥。終於，麵條如瀑布一瀉千里，飄蕩在沸騰的大熱鍋裡，滋出了一團團熱騰騰的蒸氣。

不久，麵條出爐。大夥兒捧起大碗，朝大臉盆一頓圍攻，旁邊還有一鍋油滋滋的肉湯，和一大盤炸得金黃油亮的黃米糕。這糕生猛，連一隻手用筷子夾起來都顯得招架不住，一送進嘴裡還會被燙得起泡。它就那樣一大塊擺在那裡，沒有多餘裝飾，由陝北特產的黃米磨成麵粉再油炸製成。外皮炸得酥脆，裡頭Q彈黏牙。據說這玩意兒是陝北人宴客的最高待遇，是皇帝級的接待大禮。

終於，嗩吶聲的號令響起，中午正式的八大碗隆重登場。十幾張大桌在窯洞前的院子拉開架式，村民們很快就把八碗前的幾十碟涼菜鋪滿了桌子。據我參加過的經驗，八碗都是需要三、四輪左右才能結束戰鬥，也就是第一批村民在吃，第二批要等在旁邊。這有點像餐廳等位，但第二批上來後不會更換餐具，因為碗勺只有一套，所以第二批上來之前，這些碗只是讓負責的婆姨在一個盛水加點洗潔精的大盆裡過一下，然後用萬年抹布擦乾，緊接著就被送回餐桌。至於每個人的湯碗在八碗裡是不提供的。喝湯、喝酒、喝飲料，用的都是一次性塑膠杯，有時肉和菜也要放到裡面暫時擱一下。

對我這個饞嘴貓來說，這種場合的到來總是讓我格外緊張，因為村裡平常吃不上飯的人家，都會趁這機會，大肆海撈，猛幹好幾碗。特別是鮮美的羊肉到來時，大家多半都會站起來，而且出筷的動作會很迅速，還好蔣嫂總是在我身旁幫我多夾兩塊。農村人吃飯，不會像城裡人那樣在乎形象，槽牙對他們來說並不是不可外露的東西，口水也是咀嚼時自然而然的產物，所以他們不會因為吃得過猛和過分生動而害羞。相反，在風吹來的時候，他們會露出爽朗的笑，嘴裡帶著菜葉和未咀嚼完全的食物，跟你閒話家常。只是，如果你覺得這裡只有吃飯的嘈雜聲、人群的寒暄聲、上菜時的騷動聲和碗盤的碰撞聲陪伴，那就太異想天開了。在一旁，陝北最猛的嗩吶隊會貫穿始終，幾輪客人都奉陪到底。他們會圍成一塊烤火，喝一口啤酒，吹一聲嗩吶，一曲接著一曲振盪著人們的心臟和鼓膜，把小孩的啼哭聲、打鬧聲，一併都吞沒掩蓋了。

配上嗩吶樂隊直搗腦門的電音搖滾disco混搭最炫民族風，村民一手筷子一手湯匙地往桌上橫掃，你儂我儂，吃著彼此的口水。這種露天吃飯歡天喜地的文化，隨著農村最後一波人凋零，大概也要走入歷史了吧。

吃麵條（上） 油畫 140.5x47cm / 2014

吃八碗（下） 水墨 53x154cm / 2015

神靈附身的羊

八碗裡用的豬肉和羊肉，都是村民餵養的牲口，在前一天殺好的。牠們不是隨隨便便被宰殺，而是需要徵求祖先的同意。當然，村民還沒有一部電話可以和古代溝通。於是，固執的陝北人就沿用一種代代相傳的古法，稱為「領牲」。

在八碗的頭一天，家人會和死者告別，靈堂設在自家的院子裡，這時親人們會圍跪在靈堂前。為了表示對老者的孝順，孝子孝女會痛哭，痛哭到有人阻攔才算是真的孝順了。然後親人們會跪在靈堂的兩側，與靈堂組成一個半開放的場，在場中間用土做出一個小土堆，上頭插上一根粗香。布置完以後，屠夫會拉著一隻豬進場。這時會有專人去百般挑逗這隻豬，吸引牠去用嘴拱場中央的那堆土。只要豬用鼻子拱那堆土，並把土上的粗香拱倒，就表示祖先同意了，可以殺這隻豬了。然後，天上會鳴炮，嗩吶會響起，親人們也會磕頭慶祝。

領豬以後就是領羊儀式。羊與豬相反，是拴著前腿被屠夫帶進來，頭衝著逝者的靈堂。然後，有專人會拿一個大茶壺裝上水，往羊的耳朵裡灌，羊如果覺得癢會甩頭。但是這還不算數，老鄉的標準嚴格，必須是「渾身大領」，就是連頭帶身體渾身地甩，把水甩出去，像是全身打顫發抖了，這樣才算是祖先全心全意接受這份牲禮。

第一次見到這個場景的我，會有一種莫名的神秘感，因為我不知道他們是在幹什麼，還以為是在演戲。平時認知的豬和羊，不過就是被剁成一塊一塊吃在嘴裡的肉。只是這時，牲靈似乎被賦予一種神聖的魔力，好像真被亡靈附體了。這種領羊一般有六隻，所以時間比領豬長，而且每隻羊甩的時間不同。有的一下子就癢了，有的活蹦亂跳，胡走閒逛，偶爾微微地甩頭，就是遲遲不肯甩掉身上的水。如果羊還不明白，老鄉會再灌水，主持的人也會幫腔：「這是誰家送的羊啊，是不是被當毛驢給騎過呀。老先人嫌棄了。」至於一旁跪著的親人，有的會開始向祖先懺悔自己做過的錯事，請求他原諒，有的會看著羊勸說：「娘娘，你就領了吧！爺爺都在這給你跪著呢！」

雨水落進了院子裡臨時搭上的帆布棚。糞爬蟲在棚頂上的水窪裡游泳。在這裡，時空彷彿都落在一個平面。動物和人失去了界限，生者和逝者也沒有了前世今生，而有了對等的溝通。

夜晚的聚會　油畫 60x80cm / 2014

殺羊（上） 油畫 141x64.5cm / 2014
領羊（中） 油畫 111x52cm / 2014
撒路燈（下） 油畫 40x100cm / 2014

撒路燈

人要一開始就知道自己在這世上走一圈的終點在哪就好了，這樣，他就可以先去那看看，摸摸那片土地，對它說：「嘿，等著我，我會回來。」

中國人講究落葉歸根，陝北人的歸根方式莊重神秘，有一個儀式是「撒路燈」。這是一家親戚老小送故人走的最後一段夜路。記得那天天很黑，一群人彷彿從天上走來，穿著孝袍，伴著嗩吶聲，走在高低不平的山路上。他們手提籃子，把裝進裡頭的玉米棒點火，然後一一拋在地上。一團團火光，一片片光暈，連成一道金色的刀疤，劈開了黑山的寧靜。

玉米棒被燃燒得噼啪作響，散落滿地，好像一顆顆跳躍的星星，一個個活躍的靈魂，灑落在宇宙的蒼穹裡。而人間的各種職業，又何嘗不是這樣？你是律師我是農民，然後就在這地上發出光彩，照亮周圍的區域。它們之中，不安分的就邊滾落邊燃燒，消耗著自己，在地上留下一道痕跡。無論是安分的還是滾落的，造物主都不會為它們惋惜，因為它們會繼續播撒新的道路創造新的光明。我不惋惜生命的短暫，只慶幸自己可以被播撒在這人間，在他人身旁取暖，也想用我的光照亮別人。

留下一座土堆

自古以來，農人們生前耕耘了這一片田野，死後便埋在底下。死亡就像秋葉落地那樣簡單，只是一塊被掘起的泥土，又重新被推了回去。

記得去年夏天，村裡的老李在山上打獵時，無意間觸到自己要獵山羊放的電，結果反被電死了。這距離我陪他上山打木瓜相距不到一個月。那天我爬得氣喘吁吁，而身手矯健的他，慷慨地把隨身攜帶一大瓶一千毫升的可口可樂都給我喝了。他的婆姨在他死後不敢待在家裡，每天出來找人拉話。她聽人說老李在死的前一天到了延安市，朋友請他吃餃子，老李說要請婆姨一起下來吃才有意思。她聽到後說：「老李也不等我去吃餃子，就自己先走了！」她的右手抓起襯衫的下襬，擦著眼角的淚水；她的左手拿的是剛從園裡拔出來的韭菜。這群老鄉，是這樣把腸胃裡的苦澀消化在你一言我一句無所謂的放聲大笑裡。苦中作樂，笑中帶淚，貫穿了他們的生活，甚至是死亡。

除夕前，村裡一個老奶奶又去世了。喜事也好，喪事也罷，都是吹嗩吶，吃八碗，紅火的一天。只是那天迎來了冬天第一場厚雪，車子動不得，村民們只好拉著驢馱著棺材上山埋葬。大約六、七里的路，因為雪的沉重走得辛苦。一路上歇歇走走，我們花了兩個小時才到山頂。雪軟軟地飄在臉上，沾在肩上，村民圍著烤火。一個老漢低著頭，朝火搓起冰凍的手，感慨地說：「人死了，什麼也沒留下，就留下了土疙堆。」

陽坡的糜子背窪的谷，黃土地裡笑來黃土地裡哭。生前一塊土，死後一堆土。茫茫白雪蓋滿了這片黃土地，也埋葬了這些炎黃子孫曾有的大紅大火，大苦大樂。

窯洞裡的沉思（上）　油畫 145X57cm / 2017

生生不息（下）　油畫 60x80cm / 2014

第四章

今晚乾了 明再見

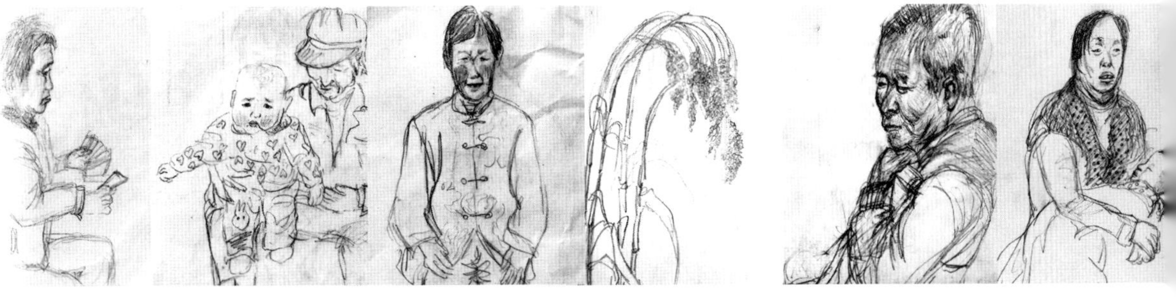

鐵皮屋裡乾杯博感情

冬日的夜晚，走村串戶是一種神秘的體驗。走出老蔣家，轉到坎上，雖說這條路我已滾瓜爛熟了，但望不到腳底，只能踩在半融的雪水攪和的泥濘土路上，搖晃著手電筒的光，聽著四面八方尖銳淒厲的狗叫聲似乎離你越來越近。一頓摸黑中，憑著窯洞射出的光線，我們解下柵欄的繩鎖，踏上院子的地，才算安全著陸。只是，當往前揭開用棉被做的厚重門簾時，屋內燒柴的蒸氣又在眼前彌漫。黑洞裡，半白的蒸氣直捲而上，綿軟的水氣攪和著老黃燈微弱的熱氣與微塵，一切都變得依稀難辨。只能下意識地用手撥開迷霧，才發現農閒的村民，正慵懶地躺在最後面的炕上，歪七扭八地窩在凌亂的被窩裡。他們頭上半圓形的拱蓋，讓人聯想到劇場。

對於我這個涉世未深，花大半輩子與書本打交道的年輕人來說，村民們充滿血肉的真實生命總是讓我想一窺究竟。這一晚，零星的小雨夾著炊煙，在山谷裡盤旋。我和同為年輕人的畫家小劉走在夜裡的山路，開著手電筒，開始了挨家挨戶的拜訪，尋找下一個畫速寫的對象。聽胖老婆說，賈愣回來了，在小賣部的彩鋼房裡。我們一聽機不可失，就往村口摸去。

門沒上鎖，昏黃的燈光射出窗口。我們往裡偷瞄，在這不到十平方公尺的簡易小房，看見一雙已經麻痺臃腫的腿。這一身的迷彩衣讓我們認出這具「屍體」是賈愣的。輕輕

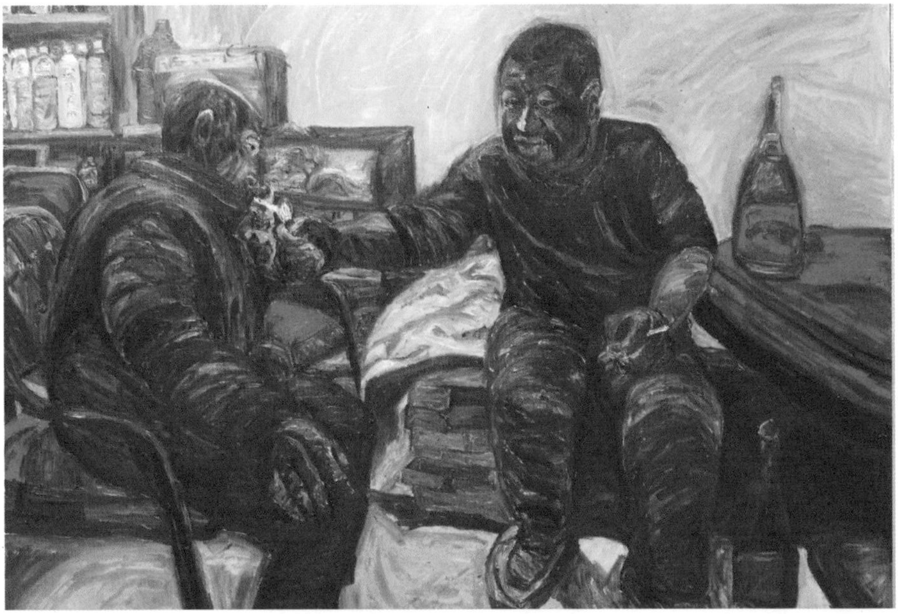

哥兒倆的夜話（上） 油畫 150x120cm / 2014

敬酒與勸酒圖（下） 墨、蠟筆 54x73cm / 2014

推開門，本以為可以不用防備地偷窺他的睡姿，結果他醒了，從床上坐起，眼神迷濛地望著我們，桌上是兩瓶西鳳45度。

他是村裡唯一的殺豬人，曾在縣城裡開過肉舖，生意非常紅火。每當村裡有喪葬吃八碗，總能見到他血染刀柄的身影。他把殺豬當成一門精湛的手術，不許其他村民擅動「作品」。他的身手乾淨俐落，拿熱水壺澆燙自己沾滿血腥的手，也澆著那將近百斤的黑色巨獸。他為人仗義，性情中人，本該有個美好前程等著他，卻因愛好喝酒，一天兩三斤地灌白酒，灌出了胃潰瘍，嚇跑了他的妻子，也收掉了他的店舖。坐在我面前，我感覺不到他屠夫的殺氣，倒是那被酒精浸泡的浮腫臉龐流露出些許孩子般的稚氣。他只比我大三歲。

他點了一根菸，直衝著我們，說起他前陣子在牢裡的往事。自從收掉店舖，他當起了遊走法律邊緣的山老鼠，開著三輪蹦蹦到深山裡砍樹，一年收入十八萬，還囂張到雇人砍樹。因為他的張揚，他被送進監獄，關了一百零九天。提起坐牢，他說他的生活「灰土土的，驢也不頂」，一天只能吃上兩個饃饃。為了改善伙食，他請他姑姑送現金來，花一百元買上一瓶四塊五的酒，又花上五十元買上一盤燴菜。說起這段他略帶惆悵，抓起酒杯一乾而盡。

這時門突然開了，「小個兒」進來了。他是村裡一個七十多歲的老漢，個子很小，帶著一頂大棉帽，我都管他叫「小個兒」。據說他是村裡最會唱信天遊的人。一進門，他先是一頓搖頭嘆氣，說他沒錢，差幾萬塊錢辦不下老婆了。本來存了點老本，前陣子卻因為兒子鍘草時手被鍘斷了，醫藥費幾乎弄光了家產。只是，賈愣對他的際遇並不憐惜，反而一頓調侃，笑著說：「乾大乾大（乾爸），你人老了，掙不來了。我看你用九十斤玉米換我十斤酒就行了！」

我看著眼前這以「乾大乾兒」相稱的一老一少，想著這是怎樣的一個怪異組合。他們非親非故，也不是酒肉朋友，但一個老婆跑了，一個死了老婆，是不是因為這樣才能湊在一搭，惺惺相惜呢？

回想起三年前，小個兒的老婆，因腸癌去世了。不識字的他曾拿一堆醫師開的藥給我「診斷」。我看了看，藥裡有嗎啡，還有一堆「活血化瘀」的藥，想不出這和她的腹痛有什麼關係。後來才想到，她沒錢做化療，這些藥無非就是讓她好受點。她在炕上躺了整整四年，無時無刻都在忍痛。為了讓她快樂，我曾經唱〈魯冰花〉給她聽，結果她聽了，反而生氣地對我說：「我還『想媽媽』哩！我連自己都顧不了！」然後，在被窩裡，繼續呻吟著：「媽呀喲，痛死了！妳說我是死是活好？」

也許，因為這段往事，我和小個兒有種別樣的交情。他還有個表哥坐輪船到過台灣，在這買了一根電動枴杖，在他看來相當先進。在他心中，台灣是「用水包起來的」，而且車壞了不用修，輪胎破了，司機在車裡按個按鈕，車子就好了。因為這樣，他對台灣十分嚮往，每次見我總要攀談一陣。

現在，在場一共四個人，氣氛頓時紅火起來。賈愣興致一來，想到了喝酒唱歌。他用小酒瓶蓋做杯子，倒了白酒給小個兒，叫「乾大」要先唱一首歌才能喝酒。小個兒一開始推辭，說他不喝了，後來按捺不住，也扯開了嗓子，用陝北酒曲的曲調自編了幾句。他唱起賈愣太為難他了，要賈愣好好戒酒。賈愣聽了覺得不夠誠意，自己端起酒杯，對我們唱了一首他坐牢時自編的歌：

鈴聲一聲響
孩兒我就進了看守所的門
看守所的犯人就像一群狼
一口一口一口咬得我渾身是傷……

唱的時候，賈愣表情滿是冤屈。那句「一口一口一口」，搭配他那鼻音特重的鄉音，像是咬牙切齒，又像是在斷腸嗚咽。這情感的真摯頓時渲染了整間屋子。小個兒於是捧起酒杯，唱了一曲敬酒歌給一旁的小劉。而小劉，這位大老遠從東北老家的黑龍江省出發，獨自一人西行找尋藝術靈感的年輕畫家，原本都是木訥地躲在一旁默默地畫畫，此刻卻也被樂聲感染了。盛情難卻之下，他居然也哼起了曲調，自編了一首〈謝酒歌〉：

哥來到陝北
看到你們都是好人
種地攔羊辛苦過一輩
哥敬上這一杯……

一曲唱罷，小劉也接上酒乾了一杯。初來魏塔的他，雖說也是大陸人，但畢竟也是來自文明社會的幸福年輕人，來到這偏遠的原始之地，天壤之別的新鮮感同樣讓他眼睛不聽使

地窖裡的糧食 油畫 102cm×93cm / 2014

喚，接連幾天馬不停蹄地寫生畫畫，並熱情地懇求我帶他走村串戶，深入走訪每戶村民的炕頭田間。而此刻的他來到這場合，無疑得到了前所未有的釋放。再怎麼說，這東北男人的好禮，證明他撐得起這抓酒論英雄的場面。於是，三人成了一家親，這昏黃的小屋頓時成了這群光棍俱樂部的撒野地。他們興致一來，把小賣部賣的雞爪包一把撕開。三個男人把雞爪咬得喀喀響，又不時用眼神含情脈脈地對望。我不會喝酒，只能在旁顧著火爐子，往裡多扔些柴和煤炭，讓這些男人的興致越燒越旺。

他們敬酒、勸酒、謝酒，同時又勸彼此要戒酒，就像是天涯淪落人遭逢了知己。酒精伴隨昏黃的燈光，蒸出了熱呼呼的醉氣。他們又唱又叫，像小孩那樣拍起手來傻傻地笑著。賈愣拿出了他那巨大的手機，從「馬匹三」（農民把「ＭＰ３」說成「馬匹三」）裡放出了陝北民歌要給小個兒聽，小個兒拿到耳旁，也跟著賈愣一起說說笑笑哼了〈南泥灣〉。最後他若有所思，獨自乾了一杯酒，索性把手機當成麥克風，放到下巴處唱了首他最拿手的〈東方紅〉：

東方紅　太陽升
中國出了個毛澤東
他為人民謀幸福　嗚嘿悠
他是人民大救星……

他的聲音越唱越響，手越舉越高。他似乎看到了自己年輕的時代，就像他現在手臂一揮地痛快，無所顧忌的革命，跟著「黨」和「毛」在這大山裡大幹生產，大煉生活。我們無須批判一種社會制度的好壞，但我知道人年輕時都有讓他們激動的歲月，而這歲月會和陳年老酒一樣，越陳越香。每當被想起，人們都會感同身受，然後相視，舉杯說：「來，乾了。」

正當我陷入這陣朦朧的冥想，小個兒唱著唱著，朝我這走來。他腦後昏黃的燈泡，讓他的眼睛更難以辨識，然而他的眼神卻直直地望著我，並拉著我的手，給我遞了一個酒杯，唱了幾句：

妳台灣到對面大陸來了　妳到魏塔幾年了　我把妳也認清了

叫妳給我敬一杯酒　妳為什麼不跟我喝酒

妳說妳不會　那就把妳爸爸叫上來　跟我喝口酒

今年不上來　明年　我回家弄菜　咱們好好當一家人呦……

我握著他的手，想著這是怎樣的一種情意。那似乎有種期許，就像對自己的女兒那樣有所期盼。在今晚的黑夜裡，那些已經熟睡的村民又何嘗不是呢？他們從未嫌棄一個外人，在身邊時刻打擾他們的生活。在現代社會中，他們也許是失敗者，在現實生活的泥淖中摸爬打滾，然而他們卻有著最底層的江湖義氣。生活再苦，他們仍然痛飲生活的滿杯。他們從不遮遮掩掩，從不忌諱讓我知道他們的醜事，而是用真誠的熱情打開我的防備，把自己的心事掏心掏肺亮出來。

我舉起酒杯，一乾而盡。除了苦味，這酒就和陝北人的情感一樣，五味雜陳。酒與歌，和著人情，自在流動。用陝北話說，酒曲曲好比沒梁梁的斗，裝在咱心裡出在咱的口。隨著走村串戶，我的生命也不知不覺和這些村民的生命像酒一樣交匯在一起。相形之下，過去我的生活就像籠罩在一片明亮的玻璃罩，完整，卻沒有一種真實的切身感。也許讓人難以理解的是，幸福的我，卻也嚮往他們身上的傷疤，為的是這種缺陷恰巧是我沒有的，是生命給予那些真正生活過的人才有的啟示。喝完他們遞上的這杯酒，做為回敬，我只能期許自己為他們代筆，一五一十寫下他們在內心深處吟唱，卻又無法說出口的信天遊。

瞭望遠方曾有的夢想

我走近的時候，他還在教訓身旁陪了他將近五十年的婆姨。

據村人回憶，很早時候，老漢張才就用兩倍拳頭粗的棍棒，打遍她全身上下。她叫王花，曾經是村裡最美的婆姨，唯獨就是腦子不夠用。如今，她有著比村裡人都還特別的形象。她的下齒兜著上齒，是俗稱的「地包天」，但從側面望去，包著一個大窪，曾被人笑稱是「猩猩」。記得小劉第一次見到她時，曾說以前他上美院時，學校請了許多道地的農民來當模特兒，但從來沒見過這麼原始這麼古老的形象。現在她鎖緊眉頭，和老漢站在一起。一個願打，一個願挨。他長年以來攔羊，日子一直沒有好過。

他唯一的兒子叫張雲雲，喜歡開車，也有雙和他一樣飄泊不定的眼睛。他十七歲在延安市開計程車，撞壞了王家坪前的吊橋和一整排的行政大樓。因為賠不起十五萬，曾經進過監獄。後來又因偷工廠的電纜線，二度坐進監牢。現在他三十了，回到老家，在農村討生活。

他有一個十九歲的婆姨，抱著他一歲多的娃，就像是娃領娃。前陣子，他的兒子掉進熱水鍋裡，半邊的臉和身體都燒傷了，花了將近兩萬元的醫藥費也沒見效。最後他用農村的土方法——雞蛋沾泥土抹臉，居然奇蹟似地好了。他說，現在他只能走一步算一步，但是他對未來仍然充滿希望。至少，十年以後，他父母不在時，他希望在西安市裡能買棟樓房。

「走一步算一步？我看是過一天算一天。」我嘲笑著，然後把剛剛幫他扳出的玉米棒，重重地甩了出去。

「過一天算一天？那一生也就這樣過完了。」他微笑著，然後點了一根菸。

王花扳玉米的速度仍然緩慢。老漢張才無奈地看著她，然後甩開了沉重的玉米稈，點起了一根菸，讓視線飄到霧外。突然之間，他的眼睛一亮，對著我，指了指在我背後的遠方。

那一瞬間，我知道他看到了年少時曾經有過的夢想。那個夢想，曾經是天邊一架閃爍的飛機。他曾經坐在上頭，開出了地面，開出了黃土地一道道密不通風的溝溝窪窪。

用電討生活的年輕人

張雲雲是留守村裡的唯一年輕人。今年他的二女兒出生了，他也就從內蒙古回到了魏塔，徹底在農村討生活了。他有一台三輪蹦蹦，會開著到山上收玉米，打酸棗，或是到縣城賣羊。他是張才和王花的獨子，貧困的處境讓他格外勤奮。每次看到他時總是很忙，但是一看到我和小劉，也許是彼此年齡相仿，臉上總是掛著笑容。記得他還曾邀我們坐上他的三輪蹦蹦，到山裡打了一回野兔。

第一次看打野兔，發現電兔並不是簡單的狩獵活動。這裡蘊含著某種森嚴的網路：線要均勻地布在山上，線與線之間的障礙物要拔掉，線的高度大概架在小腿之間，要剛好電到兔子的耳朵，以確保兔子是完整的。但這一切看似精密的布局又是以極粗糙的方式進行的。我和小劉在不明就裡的情況下，只能草率地用腳踢掉阻隔的野草，幫忙架上電棒，並在最後等著張雲雲用摩托車上的電瓶和非專業的放大器生電，而這種電將會製造八個高壓電棒、三千伏特的電量，能把樹燒焦，也足以電死一個人。

在這荒涼無人煙的山頭，零星的墓堆上插了幾根粗棍，白紙做的仙鶴飄蕩在空中。我們三人從山上開始裝電棒，然後把半壁山攔截，從山上一路鋪到山下。在我和小劉看來，這項活動讓人心驚膽跳，但對於張雲雲這一心一意求生的人來說，卻是稀鬆平常。我們無法干涉太多，只能照他的布局，幫忙把這四十根沉重的鐵電棒一一徒手搬運到定點，但是心裡也納悶著，這樣的布局，是否真能對上牧羊人說的那片兔子會來喝水的「必經之路」。

天色不知不覺已昏黑，一切都已就緒了。因為生怕無辜的人或羊會誤闖陷阱，我們三人爬到了山頭上，等待著底下的牧羊隊伍移動著緩慢的腳步，歸回村裡。等確認走光以後，夜色已黑，張雲雲開著他的三輪蹦蹦載我們下山，在山的最底下起點處按下了開關，啟動電瓶的電源，等著夜裡蓄上電的電棒能電到活蹦亂跳的野兔。然後，隔天早上六點，趕在村民上工以前，他將過來收走電棒，查看是否有收穫。

他把野兔賣出，一隻的價錢是四十元，雖然上到餐桌這東西能值上一百元。他會把牠們凍起來，等待買家來買。即使是這樣，挑剔的饕客還會嫌他的兔子放久了有酸味。為了這微乎其微的利潤，他鋌而走險，賭上了自己的性命，也賭上了別人的性命。記得村裡擅長打獵的老李，在一場雨後的清晨去收拾他自己鋪下的電棒，沒有注意水能導電，就被餘電活活電死了。

除此之外，張雲雲還用電弄出其他玩意兒。記得冬天晚上到他家串門，屋內一片冰凍，他會拿出電爐，一圈一圈的電線會像蚊香那樣暴露出來。然後從外面拿出一條連接公共電線杆的黑色電線，往電爐接上，充當屋裡取暖設備。他左手拿著鉗子，不時去調整隨時可能燒斷的電熱線。我們曾經問他這東西危不危險，他說這村裡不讓用，抓到要罰五百元。它的功率大，操縱不當極易發生火災，還會導致村裡的變壓器斷電。

不過，這都是過去的事了。他靠打酸桃和種玉米，生活好了起來，如今也像其他村民一

張雲雲一家（左） 油畫 71x82cm / 2014
窯洞裡的一家人（右） 油畫 60x80cm / 2014

樣，換上了新爐子，用煤炭生火。屋子暖了，他的大兒子見我們來了，開心地跑來跑去。張雲雲樂了，把他抱到炕上，抓起他的手臂，玩起了坐飛機的遊戲。旁邊是他的婆姨，抱著小女兒，在她懷裡吃奶，安然睡去。

一個卑微的命運

王花接受了自己的命運。

一般村民在我幫忙幹活時，總是會推辭，怕我受苦了，唯獨王花，總是在幹活時，大老遠地望著我和小劉這兩個年輕人，露出央求的眼神。為此，我們曾幫她把好幾個大麻布袋裝的西瓜扛回家，也幫她扛過大水桶灌溉碩大的田地，心裡雖然埋怨過，卻也才明白了她那佝僂畸形的後背是怎麼來的。

如今王花死了。

正在不久前，我還在田裡看到她和老漢扳玉米。怎知現在，她兒媳婦正一個人，在寒冷陰濕的十一月，抱著她一歲多的女娃跪坐在地上扳著玉米棒，和我說起了這件事。

那一天，坐在院子裡的王花突然說她走不動了。這是生平第一次，她的兒子和媳婦連忙把她抱進屋裡的炕上。據說從今年起，王花體力就不如以往，幹不了活。四月中她去城裡檢查了一次，醫生說她有先天性心臟病，心臟是兩半的，隨時都有可能走。而就在王花走不動的前一天，剛好是端午後，她兒媳婦包了粽子給她吃，剛好這也是她孫女的滿週歲生日，家裡人特地從城裡買了蛋糕慶祝。兒媳婦說，這天晚上王花生平第一次吃蛋糕，很開心，吃了特別多，笨笨糊糊地就把整塊蛋糕吞了進去。隔天，她就動不了，躺了整整一天，失去了知覺，屎尿拉得滿床都是。後來，她的兒媳婦在翌日的上午十點給她洗了澡，擦了身體。兩個小時後，王花就這樣溘然長逝了。

走了，也好。好在那是迅速，不受折磨地走，也好在她終於結束了她受老漢苦打折磨的一生。她的兒媳婦不無感慨地說起，幸好他們沒有把她送進醫院，也幸好她臨時給婆婆洗了澡，不然差一點，王花可能就要死在異地，而且是不乾不淨地死。村裡人也說，王花後半生享福了，兒子和媳婦都不到城裡打工，而是留在身邊，幫她料理家務。

她死了以後，小兩口正式擔起了這個家。雖說擔子比以前重了，但也更敢放開幹了。他們先是花六百多塊錢，新買了一台二手的冰箱和大電視機，接著還買熱水器，合蓋了一間浴室。聽她兒媳婦羞澀又滿懷喜悅地說，這間屋子花了一整個夏天，蓋了拆，拆了又蓋，折騰折騰就成了這樣。她給張雲雲打工，黏磚頭，屋外還擺了兩個大門，說是買回來才發現買大了。這小屋裡頭有「浴霸」（一種燈泡取暖裝置，插電即能照明與供暖），地面和牆面鋪滿白色的瓷磚。在他們淋浴時正對著的那面牆，還特意黏了一塊瓷磚，上面印的是一棟歐洲的鄉間別墅。看得出來這對小兩口嚮往著美好生活，並且努力為這生活去做。

兒媳婦跪坐在地上，不疾不徐地，撿起了枯黃又因雨潮濕長滿黴斑的玉米棒。今年因為大旱，收成的玉米都很小。也許是因為王花走了，兒媳婦好像也把事情看得開了。她說，人一生就是這樣，今天在，明天就沒了。她想起王花從今年起好像返老還童了，突然特別愛吃零食。平常她被老漢打罵，在家不敢吃，又被管得身無分文，所以張雲雲就和村裡的小賣部說好，讓王花到那想吃啥就吃啥，他們來結帳就行了。結果，王花今年在那啃了不少雞爪和

窯洞裡的王花 水彩、蠟筆 38x26cm / 2015

雞腿。我想到王花之前趕集，還曾拿家裡的一筐雞蛋和小攤販換一碗涼皮來吃。這則故事曾淪為全村的笑柄，但是對王花來說，一生中她為這個家做了多少頓飯，給老漢做給兒子做給羊給驢給狗都要做飯。長期以來吃飯的乏味讓她對城市裡的小零嘴充滿了嚮往。從年輕時的糠窩窩到後來的白饃饃，現在，她終於可以吃上城裡新奇的東西了。

她的兒媳婦說，她的婆婆和一般人不一樣。確實，生前她受盡了折磨，被老漢打，做不完的活，鋤地、背柴、洗衣、做飯。手腳笨拙的她，包的是全村最大最粗糙的窩窩。每次我和小劉光臨她的窯洞，總是見她引來一群的蒼蠅，以及因不會生火而彌漫的濃煙。看著她那笨拙的手指握著刀背，一上一下地切菜，小劉總是感到心酸憐憫。如今王花死了，小劉感到再也沒能幫上忙了，唯一能做的就是根據回憶，畫了一張她的頭像。活著到底是為了什麼？生命的價值到底是什麼？做為年輕人的我們，曾有許多的憧憬，也有許多的困惑，這些自我投射，也都一股腦兒畫進了畫布裡。只是畫著畫著，我們的疑惑，卻彷彿也隨著王花的死，得到了某種平息，某種解脫。

做為感謝，小劉把王花的遺像送給了張雲雲一家。而他們也回送了兩隻野兔。畫像中的王花瞇著眼睛，對我們安詳地微笑著。在世的時候，每天晚上她必須站著守在炕邊，等候老漢下達命令，在所有人都睡了，才能上炕入睡。年復一年，日復一日，如果是一般人，也許早就跑了跳了。但王花不以為意。剛開始大家以為她是腦子不好，癡了傻了，現在大家明白了，她的心臟本來長得就跟一般人不一樣，所以儘管她這一生過得比一般人慘，她仍然能堅定地走過這一生。而每當我想到她在一旁邊笑著啃雞爪，邊用斜眼睥睨這個世間時，我就不禁聯想：也許她不是真傻，而是用裝瘋賣傻，讓日子變得好過一點。至於王花自己的內心到底在想什麼呢？最後，也許沒有人會知道，就連她自己也不知道自己有著心臟病。

命運不是給每個人同樣的機會，要每個人都可以精采絢爛地度過這一生。生活通常是平凡的，甚至是卑賤的。但這沒什麼大不了。無聲無息的卑微，上天依然賦予這樣的一種存在。批判不公不義在此顯得多餘，甚至是狹隘。人沒有資格去仗義這之間的是非，唯一能做的，也許只是耐著心去接受每一種存在皆有其尊嚴，哪怕這尊嚴看似多麼地卑微。

九霄雲外的老佛爺

渾圓大耳的賈老師是村裡絕頂可愛的人，耳垂大得都可以垂到肩膀，體型圓滾渾厚，個子卻很矮，因此私底下我們戲稱他叫「老佛爺」。我曾經拍過一張他在山上背草的照片，他坦蕩地回眸一笑，活像隱居世外的羅漢仙班。他以前是生產隊的會計，後來做了村裡的老師，現在他歸隱山林就喜歡抽菸。每天他給自己設下兩包菸的額度，然後還會用保溫杯自泡綠茶，吸一口菸喝一口水。他總是坐在自家的石台前深邃地望著遠方。有次我問他在想啥，他轉過頭露出焦黃的大尼古丁牙，笑著說，啥也沒想。

就是這麼可愛的老漢可以任由你擺姿勢畫他，多久他都不會不耐煩。就連夜色已深，他仍然不管我和小劉黏著他的屁股，跟進他的窯洞，拿著速寫本癡傻地畫著他。他拿出老伴出門前給他準備一個禮拜的饃饃，放到大黑鍋裡燒著熱水蒸。吃完了，睏了，他只是自在地脫了帽，脫了鞋，鑽進了被窩裡，靜靜側躺地看著電視上的「新聞聯播」。碰巧國家正針對「文藝工作者」發表談話：「藝術家要深入到基層去，與廣大群眾同吃同住同勞動，拜群眾為師，做人民的代言人……」我和小劉不禁相視而笑，更加勤快地畫著被窩外露出的那顆坦蕩的頭顱，與身後牆壁糊上的那片破舊卻也斑斕的雙鳥祥瑞圖。在夜晚這座杳無人煙的山頭上，寧靜昏黃的土窯洞裡，畫畫的使命感，正把我們和老佛爺的生命綁在了一起。

夜裡的老佛爺（上） 油畫 145X57cm / 2017

回家的老佛爺（左下） 蠟筆 38x26cm / 2015

耳根清靜的老佛爺（右下） 墨、蠟筆 38x26cm / 2015

每天的吞雲吐霧彷彿讓老佛爺已超然於物外，有著世外高人的境界。然而，他又是再普通不過的老人，住在自己夯的四十年高齡的土窯洞裡，兒子們有一個已經過世，另兩個都在城裡，現在陪他的是一個老伴、一頭驢，和一隻總也長不大的小紅豬，每天老要他用南瓜玉米熬上兩頓飯餵食。他還有一壘柴，兩年都用不完。他說：「現在要提前背，攢起來，怕以後背不動了。」我倒感覺他啥也不怕了，計畫內的做好，計畫外的不奢求，坦坦蕩蕩地點上一支菸，任牙齒焦黃，任年華老去，任你們把我畫得多久多醜，我還是我，依然在村口吹風，依然在山間穿行。

這就是我愛的老佛爺，躺在被窩裡讓我畫，背著柴草對我笑。

窯洞裡的小幸福與大智慧

黑夜的月光打在結凍的白雪上，反射著晃眼的藍光。一對石獅子一左一右，齜牙咧嘴地臥在院子前，卻不顯得猙獰，走進細看它們像看門狗，頂著癩痢包的大頭，反顯得古拙憨趣。這時，我和小劉知道自己來到了王羊換的家。取名「羊換」，是因為他是父母用羊換來的孩子。他是老蔣的妹夫，由於愛屋及烏的關係，我和他們一家也特別親近。就連他家的母狗小黃，和老蔣家的小白也是一對對，常常在我外出時跟在我後頭。

這天夜裡，屋裡傳出了吹簫的樂聲。走進窯洞，熱騰騰的蒸氣湧上，祖孫三代一家正擠在炕上，好不熱鬧。原來是他兒子王小慧在吹笛子。這是一支手工笛，他在釣魚竿上挖幾個孔做笛子，另外撕了塑膠袋一小片，貼在膜孔上，做成了中國竹笛裡特有的「笛膜」。雖說吹起來音不準，但就像小學生吹直笛那樣，每個直愣的單音充滿著童趣。他吹了一首〈世上只有媽媽好〉，又吹了另一首，唱著歌詞：「林間的小路，望不到頭頭……」

牆角邊，三條棉被摺成方塊疊起來。吹完後，王小慧接著拿起笛子，把另一端架在被與被的縫隙間，充當起單槓，要給他的大兒子王宇傑翻。於是，釣魚竿先是變成了笛子，現在又變成單槓，隨著縫隙的高低不同，製造了不同的難度。只見穿著厚棉襖的王宇傑在熱滾滾的炕上，上上下下，翻了好幾圈，猛一看還真像是烤乳豬。為了招待我這個台灣來的客人，王小慧又到雜物堆裡翻出了雙截棍，站在炕上甩了一番，逗得我樂得笑了。

這是充滿生活樂趣的幸福一家，每次光顧，隨處一看，總是能看到不同的巧思，不同的餘興節目，這要歸功於王羊換老漢樂天的基因。他曾是共產黨員，輾盤上還刻有五星，但這也是昔日的光輝，家庭並不富裕。他的頭腦靈活，熱愛發明小玩意。記得我們曾瞥見靠牆的地上，放了一塊木板，拿起一看，發現一大堆的瓶蓋排出了「講衛生」三個大字。原來老漢早年是一個村醫生，給村民打抗生素。他拿這些廢針筒的軟栓釘在木板上，做成搓衣板。

這天晚上，我們大夥在炕上聊天，老奶奶在底下穿著毛線，給老漢孫子繡著黑棉鞋。大家對我的本科是念「哲學」，感到非常疑惑，想要讓我解釋。我支吾半天答不出來，心想著這些鄉民能懂嗎，只是這時，王老漢突然從容地在旁說了一句：「哲學就是折過來又折過去，折騰嘛！」幽默的回答讓我覺得比哲學家都還精闢。是啊，都說這家人很佩服我，老要王宇傑向我看齊，讓我寫座右銘給他勉勵，但我卻覺得他們生活得比我還有智慧。

窯洞的夜晚　水墨 48x69.2cm / 2013

每寸土地都埋藏著神奇

這天一大早，我和小劉剛好碰見王羊換老漢要往山上去，隨手操起一根斧子，並提著幾個類似老鼠夾子的法寶。一問之下，知道他要去逮山雞。自從上次跟著張雲雲去電野兔那次大開眼界的經歷以後，我們心想這樣好的機會不容錯過，於是就隨他朝對面的山上走去。

此時的陝北天乾地燥，光禿禿的山坡上零星散落著幾叢灌木，灰頭土臉的山雞不時從這些樹叢中飛過。大約走了十分鐘，他在一叢灌木前停下，拿出夾板，示範該怎麼使用。這夾板是王小慧在汽車修理廠弄到的鐵絲，拿馬茹枝綁上筷子，再裝上一粒小紅豆製成的。他說，紅豆埋進土裡，周圍的土要細，才能靈敏感應。還有紅豆注意要埋在向陽處，有光照的反射，才能讓野雞發現。

埋完以後，老漢小心翼翼地用細枝仔細清理了紅豆的周圍，讓紅豆若隱若現地露出來，還俯身吹了吹紅豆上的浮土，彷彿真有一顆紅豆種子在莊稼收成後掉進了土裡。這樣一個美麗的陷阱就完成了。野雞如果上當了，咬住紅豆，就會觸動機關，夾子就會啪的一聲瞬間合攏，剛好夾住山雞的脖子，緊接著山雞就會斷氣而死。這種用夾子打的山雞是「放心野雞」，不是一般用硼砂毒死的，可以放心食用。

老漢手把手地教我們，我們邊走邊學邊記，一邊也不時地讚嘆著這門古老的智慧。他說

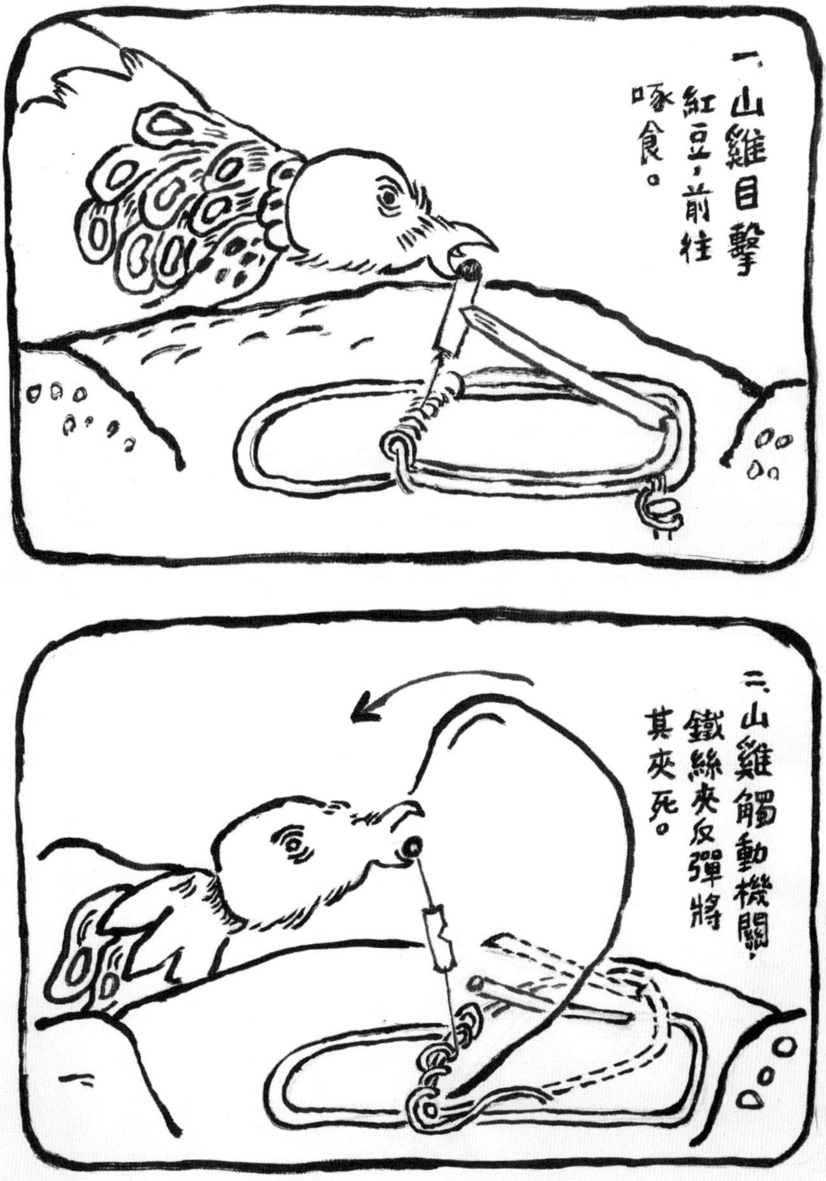

山雞被捕示意圖

他在這山上安了十八道機關，每天早晚會巡查兩次，看有沒有收穫。他能清晰地記住這十八個機關的位置，走走停停查找戰利品。突然，我們聽見野雞咕嚕咕嚕的叫聲。探身向前，一隻華麗的公山雞，就從我們眼前的灌木叢中飛了出來。紅橙黃綠的五彩斑斕色裡，透著高貴的古老石青色，像撒著銀粉，長過身軀的尾巴劃過了天際。陝北的土地呀，好像每一寸都埋藏著神奇。

榆木疙瘩的堅持

冬天的太陽還泛白，我和小劉就呵著白氣，踏上了長征走訪的道路。我們揭開了一戶家的門簾，探頭往裡一看，窩在被子裡的水牛老子連忙從炕上爬起，一邊套起了外褲，一邊對我們劈頭談起了這件日夜縈繞心頭的事。

當然，走訪前我已有所耳聞了。因為假若沒打聽好，光憑第一印象，還以為水牛老子是個和藹可親的溫馴老人。個子小的他，每天兢兢業業地掃著院前與院外的雪。只是現在他在大家眼裡已是個狀告鄉政府六年的爭議分子了。跟他相處五十幾年的村民，誰也想不到近年來他這股執拗的勁是從哪裡來的。

原來，魏塔村以前分成三個生產大隊。十幾年前，一隊有十畝地被三隊人占了。黃蒿長了，一隊沒要；包產到戶時，一隊也沒要。於是三隊人在五年前開始種上果樹，而今年將要開始收穫蘋果了。

剛開始，一隊裡有四個人團結起來要告三隊，告到後來，其他人嫌事情麻煩，承認失敗，也都散了。再說打贏了，一隊的每戶人不過也多了兩畝地而已。但是老漢仍然堅持要告，他前後抗爭六年，花了十幾萬，把玉米、羊絨都賣了，家裡只剩下鍋碗瓢盆。

如今再見到炕上的他，他的眼神依然強硬，卻多了一份無助。很久沒有人到他家串門了，村裡人對他的抗爭已經無動於衷了。他焦急地想知道我們這些「知識分子」的看法，也希望我們能有新聞媒體的管道把事情曝光。

然而老漢並不是個愛出風頭的人物。他的手勢笨拙，說起話來也顯得吃力，一字一句，就像牛一步一腳踩在泥濘的土路上。他先是費了很大的勁，向我們灌輸毛澤東的「老三篇」，說起張思德和白求恩為人民服務的偉大事蹟。然後提到以前的魏塔村是魏家人的天下，後來「毛澤東拿命換來一個平等的新制度」，打倒了土豪。如今他不忍看到土地再度淪為少數人手裡。他還說，土地是很有價值的東西，可以長出各種植物、各種營養。總有一天，長年在城裡打工的子女也會回來，靠土地生活。

只是，面對現在新社會的不變，老漢也不無感嘆地說，自改革開放以來，「節地不要牛，點燈不要油」的理想都實現了。但是現在「社會很好，人心卻很壞」。現在大家都是算個人的帳，誰也不管誰。因為這樣，他決定抗爭到底。「中國共產黨不錯，我就不錯。」他說：「就算要犧牲我的老命，也要救共產黨的小命。」

說到這，他話鋒一轉，感性地問起我和小劉：「你們在世界上，走了這，走了那，可以幫我評評理嗎？」

被問到這，我們面面相覷，半天不發一語。現在，在我們面前的是一個質樸的農民。他的思想，卻和我們一樣，有著企求的理想與公平正義。我們看著他，更多時候卻也是投射到自己的處境。我和小劉，為了心中那微弱的繪畫夢，不是拋棄了文明的物質享受，大費周章地來到這片荒山裡耕耘嗎？為了更遠大的人世情懷，我們不也走出了自己的舒適圈，走進每一戶炕頭田間描繪每個人的心田嗎？都說人為夢想而活，因理想而偉大，不要向現實妥協，不要放棄。如今，一個比我們更純粹更單純為理想而活的人正杵在我們眼前。他沒有讀過太多書，對於理論主義只會囫圇吞棗，善良天真地嚮往它的美好。他不是書上說過電視看過的激進派革命分子，也不是知識分子那種糾結的理想主義者。更多時候，他也許只是陝北人說的「榆木疙瘩」，認定一件事就一條道摸黑走到底。當我們還在心裡評估事情的結果能否成功，當我們還在心裡狡猾地為理想與現實秤斤論兩左右掂量的時候，他是這樣一心一意投上全部的性命。我們難道有資格勸他放棄？

只是最後，我們只是充當個老好人把好話說盡：「你如果真是為了後代，就要好好地活著，保住自己的命。」他的婆姨在旁蒸著南瓜，這時也轉過來附和我們。他說老漢有關節炎，做活慢，還有腦血管栓塞，一瓶藥要十塊錢。還有點耳聾，有疝氣病。他再鬧下去，就會鬧出人命了。然而一扯到人命，水牛老子又更不允許他有一絲苟且保命的想法，反而更加激起他的鬥志。「這樣做，值得嗎？」我們下意識地拋出了疑問。是問老漢，也是問我們自己。如果你為了一件英勇的事業獻身，卻沒人理解，沒有人同情，那這一切值得嗎？老漢的眼神露出了一些猶疑，他灰黑的眼珠閃出了晃動的游絲。他面帶痛苦，皺緊眉頭指著自己，一字一字地說：「我的反應很慢，口才也不好，但是我說的全是真理。」

走的時候，老漢懇求我們離開魏塔時務必再過去看看他，他們家的窯洞很深，後面有個窖，堆放著南瓜紅薯和土豆，要我們想拿多少就拿多少。回去的路上，我們想起他那雙無助晃動的眼神，也知道他的重情重義會讓他在接下來的一次眨眼把它抹掉。

馬上有錢

海報在農村具有最樸素的實用價值，貼在牆上能防止年久失修的窯壁脫落。但這不代表農村人不關心時事和趕時髦。從最早的老毛大頭照，到後來的鞏俐、胡錦濤，再到現在的習近平，這些海報在相信領導力量的農村集市上依然暢銷。

還有一種寄託盼望的海報銷量也不錯，比如新婚夫婦會貼上兩個大眼娃娃，求多子多福，大富大貴的牡丹海報與江南小橋流水的海報也很普遍。而時下最流行的，就是馬年的特別款──馬上有錢。

村中央的賈猴毛家就貼著這麼一版。這是一款由兩匹馬組成的海報，大紅馬拉著一車財寶與成堆的人民幣在一片水藍色的天空下馳騁，小粉馬則歡快地跟在身旁。在這用斑斕色彩編織的中國夢底下，賈猴毛有點落魄地坐在沙發上與我跟小劉拉話。他是王羊換的弟弟，是被命運折騰的人。他有一個小孫子，眼睛很大，髒兮兮的，臉頰總是紅得發紫，常常氣上不來，後來在延安、西安來回折騰看醫生，才知道他有先天的心臟病，心臟血管搭錯了，手術可能有生命危險，不手術也不知道哪天會再次發作。

賈猴毛聽說有個鄰村的娃得了這病，去手術再沒回來，心裡一緊就把小孫子帶回農村。去年有位北京的畫家到魏塔寫生，發了善心，願意幫忙這對爺孫。他在北京找好了醫

水牛老子夫婦像　油畫 50x60cm / 2015

皇天不負苦心人。二〇一七年，水牛老子的冤屈得到了平反，鄉政府協議補助他們家十五萬元。辛苦多年的老漢終於得到回報。

院，說是國家目前有資助，手術不用花錢，還請他們過去家裡免費吃住。然而，聽起這樣「馬上有救」的待遇，賈猴毛卻沒跟去。

談起這件事，小孫子的奶奶面色憂心忡忡。她為這事下了不少苦心，但對我們只能一語帶過。「農村人到城裡，吃住在人家不方便，再說又不保證治好，怕麻煩，就不去了。」至於小孫子怎麼辦，她只能說：「現在就上學著呢，不犯病就上學，也不知道還能活多久。」老人哽咽，說不下去了，讓人不禁心酸。

面對城裡人的援助，農村人簡單的一句「怕麻煩」，裡頭多少是因為自尊心的壓抑。記得我畫畫時，村裡人總說：「小廖，妳畫農村有啥好的，妳畫我這縫鞋的有啥意思，可別畫，畫出來教城裡人笑話。」每次聽到，我都想辯白，其實我想說他們縫鞋的樣子真的很美。這不是說農村人美城裡人不美，而是他們做為一個樸素的人，為家人縫製布鞋的動作美。映襯著夕陽的光輝，充滿了溫暖，更何況穿在腳上呢。然而，城鄉無形的界限，總讓人覺得自己不美，自己卑微。

如今，城鄉差距越來越大，農村人生存不成問題了，卻要面臨接踵而至的生活問題。他們一年靠種地收入只有五、六千塊錢，種的糧能自給自足，但是不缺糧，就缺錢。尤其是農村愛講排場、好面子，一年光是親友的紅白喜事就得掏上個幾千元，如果再遇到慢性病和不可預料的災難時，只能手足無措。為了增加收入，他們不得已上城市打工，但是長期打工下來，往往又是背了一身的病回到農村。「馬上有錢」是他們殷切的期盼，但就算有一筆錢從天而降，那根深柢固難以消弭的貧富差距，卻不是「馬上」可以消除的。

當然，說這些並不影響他天生的和善。他走出窯洞，領我們去看他家的兩頭豬。那是一對母女，女兒是村裡最大的豬，即將在過年宰殺。他笑嘻嘻地說，為了讓牠長肉，他給伙食加了點料，不再是米糠兌水，而是熬上了吃不完的南瓜和玉米。

守本分的牧羊人

凌晨三點，那時候最冷，天色也最美。這是老毛告訴我的。

老毛是我很欣賞的村民，他硬漢的塊頭，爽朗的大笑，讓我覺得他是一個骨頭很硬能走很多路的人。我和小劉有天中午去拜訪他，他正從屋外往屋裡搬一台新爐子，爐子很重，但他一個人就抬得動。據說這批爐子特價六十元，原本用舊式柴火燒炕的人都紛紛買上了。爐子口很大，可以放下一個大鍋，既取暖又可以炒菜。老毛先是用一雙大手掃著爐子上的土，接著他從外頭抓來一把柴，放進新爐子裡，喃喃自語著「不知這個怎麼點著哈。」原來，這爐子應該放煤，但是他想節省一筆煤炭的開銷，就試驗看柴能不能點燃。

他和小劉擺弄著這東西，我則在一旁觀察著他的窯洞。和小個兒家的秩序和整潔不同，他的家充滿了生產的熱情，斧子被放在桌上，衣櫃旁是肥料和鐮刀，被褥好像剛被睡過，舊鍋台底下的柴火帶著餘溫。門是敞開的，吹送著冬日的寒氣。他的婆姨從外面走進來，和我打了聲招呼。她抱著一捆柴，說：「妳坐，我要去餵雞去了。」

這時，火生起了，爐子冒煙了，弄得滿屋都是。老毛哈哈大笑起來，說：「著著了。」他嗓門大，言語透過他粗黃的牙齒從體內發出來，好像他的身體裡有一塊山谷。小劉顯然是被硬漢所打動，衝著我會心一笑，小聲說：「老毛，真好！」意思是說這形象真好，

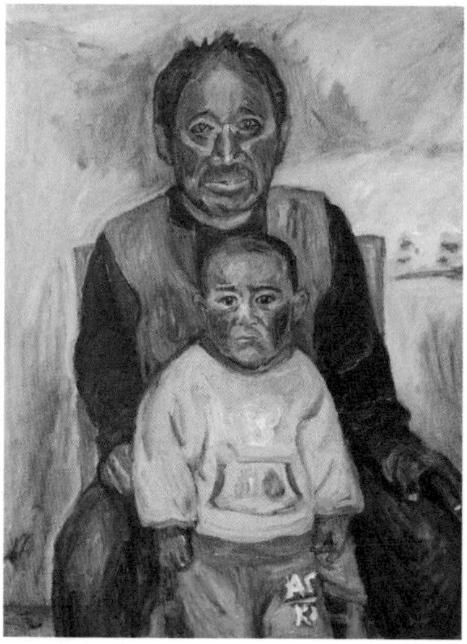

賈猴毛與孫子（上）　油畫 74.5x96cm / 2015
賈猴毛與大孫子（左下）　油畫 58x74cm / 2014
吃飯的老毛（右下）　油畫 80x60cm / 2015

真生動。這並不誇張，因為從他的眼神動作和表情中看不出半點的緊張，而是實實在在的土紅色外套，土紅色褲子，和露在外面的腿肚子。

小劉也看到了這點。他問：「你穿這麼少不冷嗎？」

老毛說：「衣服穿得越多越冷，看我這樣才不會冷。」

小劉很詫異地看他，想聽他餘下的解釋，而我也仔細地打量他的嘴唇，乾裂的，紅通通的。

「我早上三點就起來幹活，那時候最冷，但是天色也最美。」他接著說：「每天放羊要走三、四十里路，習慣了也不覺得累。」他伸出手，烤著新爐子的火，想了一想，又似乎在反省長期堅持鍛鍊的自己不該買上這麼一個新爐子。他說道：「在我年輕的時候能扛上三百斤的東西，扛著就走。老了也沒什麼病，就是有關節炎。」說完他走到了飯鍋前，盛了一盆子餅，看到我和小劉認真地記下他的話，他笑笑地說：「人和牲口沒兩樣，就比牲口會多說一些話而已。」說罷他用力啃起了餅，就像一個正在啃草的牲口。

隨著他吃飯，我們也拿出本子開始畫起速寫。他這一頓飯相當於城裡人的早餐和午餐，能吃上一盆子的餅，一盆子的稀飯，配上一盆子的酸菜。只是還不到十分鐘的時間，他就吃完了，走過來要我們給他看看畫。他看一看說：「嗯，小夥子要多鍛鍊，多畫，畫到一定境界，就能越畫越快，越畫越像。」接著他嚼完了嘴裡的餅子，笑著說：「飽了，不吃了！我去攔羊去了。」於是他起身準備他工作的行裝，而我和小劉也起身拎著我們的工作袋，準備去下一戶人家了。

從年輕到老，每天凌晨三點起來幹活，每天早上十一點放羊，不論颳風下雨還是下雪，在現代人看來都是一件不容易的事。況且做為一個牧羊人，一天只吃兩頓飯，吃飯時間不定時，多半胃病。但這就是他身為牧羊人的本分，天經地義，他不會去懷疑，而是實實在在地做。為了能讓他的羊吃上好草，他比別的牧羊人走得更遠。長期陪伴著羊，他甚至熟悉一百多頭羊裡每隻羊的臉，給每頭羊起名字。能苦才能甜，他悟出了這句話的道理，這鍛鍊了他結實的身體，和吃苦耐勞的精神。對於我和小劉從事的這項虛無縹緲的繪畫事業，他也把它當成是一門扎扎實實的體力活，勉勵我們多加鍛鍊。至於面對大山和羊群時的孤寂，他要怎麼排解呢？或許他不會像現代人一樣為這類的空虛煩惱，而這或許也就是他身為一個牧羊人的價值。

病榻前交疊的容貌

在我記憶裡，曾有兩張病榻前的容貌。

還記得蘇老太婆正照例坐在沙發上。她因摔了一跤就站不起來了，讓兒媳婦照顧，一年以來，每天只能在這沙發上坐著。不過對於生病的人來說，有這陽光也是很好了。冬日午後的陽光宜人，透過窗格灑在人的臉上，像金色的黃豆在臉上滾動。當我坐在她對面畫她，她一動不動，彷彿與舊沙發融為一體，毛茸茸，軟軟的，映照著溫暖的光輝。

怎知七天以後的早晨，當我和小劉沿著老路去拜訪她時，卻發現她已經不行了。她從沙發被移到床上，躺著不能動彈。兒媳婦端來水餵她喝，她抿抿嘴喝不下了。兒媳婦忍不住落淚，只能安慰自己：「她一輩子受著（受苦），現在，走了也好。」

一個可愛的生命就在我面前，而且她就要逝去。我從未畫過這樣的場景，拿起筆，我突然想起以前畫遺容的匠師是多麼神聖的職業呀，他們只想把美好留在人間，而我卻是這樣地手拙，捕捉到的只是她因寒冷而發紫的臉龐。

畫著這張臉，腦海裡又浮現了病榻前另一張布滿皺紋的面孔。雖然同樣虛弱，但凹陷的雙眼卻掩藏不住眼神的矍鑠。她是王老太婆，曾經她是這樣一個機智可愛的老婆婆。長得瘦高，戴著白帽，拄著柺棍，活像武俠劇裡的獨孤老太。記得她常在村口的大槐樹底下發表精

蘇老太婆坐在沙發上（上） 墨、蠟筆 38x26cm / 2014

王老太婆與孫子（下） 墨、蠟筆 38x26cm / 2014

闖言論，也曾笑我把皮膚黝黑的她畫成了魯班爺。長年高血壓的她，幹活一直勤奮利索，只是今年，在冬天一個太陽暖照的早晨，當我們越過層層的玉米地，來到她家時，她卻只能臥在病榻前。

兒媳婦在旁燒水做飯，進進出出忙著伺候她的婆婆。見我們來，充滿了笑容，卻也使了眼色，暗示我們王老太婆的頭腦不太行了。原來，去年陝北的雨大，許多的窯洞都被水沖塌，魏塔村不幸有兩個人喪命，其中之一就是她的小孫子。家人本想瞞著她，後來被她知道了，之後一蹶不振，甚至開始胡思亂想。

只是，見到許久沒來的我，她卻像以往一樣機靈，熱情地喊我「台灣娃娃」。她讓我靠近，表情一下子變得神秘兮兮。她正經八百且興奮地對我說，最近有人通知她共產黨要接老人去北京串了，而且還開飛機來接。如果不是她現在頭暈走不動，她真希望自己能上天安門串一回。

畫紙上，我的手依然奮力地與時間賽跑，想抓住那一點一滴珍貴的餘溫。蘇老太婆的臉變得更加紫白了，唯獨此刻卻更顯安詳，眼角似乎能感到她曾經的微笑。啊，陝北的女人就像她這樣吧，沒有名字，生下來就只能接受命運的安排。然而她們卻從不抱怨，而是要把一生走得平平凡凡、平平靜靜，堅定地完成女人一生的使命。

這時，在一旁喃喃自語的王老太婆，緩緩地拉起我的手，就像囑咐遺言一樣，對我說：「都三十好幾了能定了吧！」接著，她拉高虛弱的嗓音，把在一旁的小劉叫來，認真地囑咐他到城裡給我買條新褲子。看我這滿身顏料可不行，一定要把我打扮得漂漂亮亮的。

連泥帶水的命運

黃土高原下起雨來，是一種別樣的風貌。糞便、血液、泥土、草根、鞋底、命運，連泥帶水地攪和著。據說黃河每年要承載十幾億噸來自黃土高原的泥沙。去年的七月，陝北氣候異常，歷經三十年以來最大暴雨，多數窯洞都已坍塌淪陷，死傷人數慘重。在魏塔村，全村陷入斷水斷電一個月，對外道路的泥巴深至膝蓋，有兩人不幸喪命。於是今年，政府準備給村民們發放補助，每家都要到自己家的窯洞前拍照，證明自己有幾口窯洞，然後按數量領錢。

拍照對於村裡人來說是個大難題，請外人來村裡拍，一張收費就得三十來塊錢。蔣嫂知道我和小劉有照相機，就幫我們攬上了這份工作。我們兵分兩路拍照，頭一天拍，雨就下了。村裡被澆透了，黃沙變成了泥漿，裹進牛屎驢糞野草，讓人寸步難行。魏塔村大概有一百多戶，家家都要拍，好多人冒著大雨從城裡趕回來，為的就是能領上這筆補助。他們站在自己的窯洞前，好些已經破損，好些因為太久沒回來而黃蒿叢生。有些為了多領到些錢，就多找上幾口窯，拍到一起。他們有的笑得很燦爛，有的幾乎木訥，但都被快門一一按下，在雨天他們與家園合影。

至於我和小劉，也被攬進了這場局，和他們形成了一個命運共同體。爬坡時，原本粗獷的賈愣拉了我一把，說了一聲：「不好意思，麻煩妳了。」七十多歲的老奶奶趕著照相，在地上滑了一跤，也被我扶起。雨下得很大，連同山、窯洞，也一點一點被刷走了。社會發展太快，社會主義已經遠去，如今可以團結起全體村民的東西變成了錢，大家拚死拚活去照相，為的就是能改變自己的命運。

地上是密密麻麻沉甸甸的腳印。你踩的是前人的腳，也是上輩子好幾代人的腳印。陷下的鞋印拖住你的腳，讓你動彈不得，只能一同陷下隨它拉你而去。分不清誰是誰，只有泥和水。我和小劉不敢懈怠，一戶一戶地按著快門。我們拍的照片是這樣的平板，然而我們知道那照片背後隱藏著飽滿的人性。隨著我們走進這些村民的內心世界，他們不再是用簡單樸實一概而論的泛泛形象。他們有血、有肉，有著身為人類一樣赤裸裸的人性，也有著人面對現代社會會有的糾結與掙扎。

在這裡，張才的飛機，王花的死，賈猴毛的窮，幾乎無時無刻上演著。看慣了，也就麻木了，似乎那就是生命的本真。

這是一種更普世更深刻的情感。一天一天地，一代一代地，唱出了人類千年不變的主旋律。就像那滾滾的黃河，女媧的化身。千百億的石頭，骯髒與混濁，在她肚裡翻騰、攪和。承載著幾千萬噸的黃沙，夾帶著雪白的泡沫，洶湧澎湃地，卻也了無聲息地，流入了生命之海。

發生在我身上的，是個人奮鬥的故事，激昂，卻也狹隘。而運作在這些普通人身上的，卻是命運的故事。連泥帶水的，似乎怎樣也扯不清。只是，他們的命運看似卑賤，卻

陝北的女人 油畫 60x80cm / 2014

也是老天爺默許的存在。記得蔣嫂曾說：「一個人一個活法。」同情顯得虛偽，批判顯得狹隘。除了給點補助、幫忙他們照相，我只能陪伴，並一廂情願地為藝術耕耘，把這普世的真實表達得更加飽滿。然而，在這些老鄉看來，畫再多說再好，卻也不能改變他們切身的現實。

記得一個村民說，你們畫家把我們畫得這麼醜，是在「泄自己的東西」。

走村串戶，從一開始的熱切，到後來的慚愧。村民們無私地把真誠借給我，給了我一個發洩的管道，釋放我在繪畫上的理想與激情，但是，光顧久了，他們的眼神卻透出了焦慮與無奈。身為畫家的我給了他們什麼回饋？當他們的眼睛焦急盼望著物質生活的美好時，難道我要大言不慚和他們談精神的富足？

他們的未開化與原始，庇護了我對自由野性的精神嚮往，讓我可以逃離文明枷鎖，在這片山野間隨心所欲。然而，他們卻巴不得文明，快快來眷顧他們。

當我執拗地認定文明只是枷鎖時，難道我不是靠著文明的賞賜，才有機會擺脫他們身不由己黏糊糊的命運，得到更多的自主權？

寫了再多的故事，我和他們終究是不平等的。小廖啊。當無能為力賜與這些人時，妳怎麼還好意思繼續待在這裡呢？當所有人都在努力與生活打交道時，妳是願意留在妳意想的真實裡，還是願意試著直面現實，接受生活的平凡，把生活落到實處呢？

待產

這幾天得知魏娃婆姨要生第二胎了，我也非常開心，老是到她的窯洞裡給她畫油畫。她的臉色紅潤，長長的辮子快過了腰，對於生產她似乎一點也不緊張不害怕，只是靜靜地等待時刻的到來。

嫁給魏娃以前，她是個牧羊人，在大山之間上下穿梭。成家之後，魏娃到城裡攬工，她在家裡待著。沒事的時候她包包餃子，但更多的時候只是躺在沙發上看看電視。那幾天下午她在看《還珠格格》，緊接著又看了偶像劇《轉角遇到愛》，看見女主角大喊著「我一定會幸福的！」她樂呵呵地笑了起來。

看到她的笑容，不禁讓我想起每次有新作品產生的喜悅。長期以來我並沒有受過專業的訓練，生活成為我所有創作靈感的泉源，我只能貪得無厭地向生活乞討。雖說每次都會讓自己換上新的眼光去觀看這個世界，而老鄉的笑容和陝北的陽光也不斷激勵著我，然而在這生活久了，不免會陷入停滯的泥淖。看著村裡人為著自己的生活奮鬥著，同齡人也已有了穩定的工作，成立新的家庭，而我不免還是個旁觀者，生活飄飄然地沒有著落。要在這裡畫到什麼時候才能結束呢？是不是我一輩子就要留守在這片大山裡了呢？

我的內心仍然在等待一個新的契機，仍然探出頭好奇地想看看我的終點是什麼。待產的心情是興奮的，而我即將產出的畫作也該是充滿喜悅的吧。

蛻變後的重生

時間回到二〇一四年，在我待在魏塔的第三年，老蔣家來了一個神奇的人。他開著一輛「黑A」的黑色轎車，帶著手電筒畫筆和一台黃色的小燉鍋，從黑龍江一路開了兩千多公里，到這裡來調養生息。原來他是個熱愛藝術的文藝小青年，有點黑，膚色跟我很像，有點倔，對畫畫的事總是很有精神。他有一雙小鹿一樣的眼睛，友好地觀察著這個世界。

清晨，從第一縷魏塔的陽光裡，他開始加入我和老蔣的畫畫集訓營，陪我們一起畫牛畫驢。過了沒多久，這個來自學院體制的大男孩，對我粗野的畫法漸漸按捺不住了。有天晚上，他突然用手機傳來簡訊，說有話要跟我說，說我的畫裡有大問題，我於是好奇地把他請進我的窯洞，深夜的魏塔就這樣讓兩個固執的人擠到了一起。我們咧嘴大聲說話，好像全人類的藝術史都被我們捧在掌心裡。說到底他是想說我的畫缺少畫理，該多學學大師和傳統的規律，而我想告訴他的是，大師不比一個普通人的感受強，梵谷不比一個平凡的母親偉大，他是被大師的畫理愚鈍了腦筋。畫畫是要橫衝直撞撞出來的。要跟上時代，直奔生活，直接開畫。我認真地看他，他激動的時候說不出多少話，手會用力地比劃。我心想：小弟弟，你說得那麼多，到底畫出哪些畫了呢？快別不自量力吧。

也許是我激怒了他的自尊心，也許是陝北鮮活的生靈喚起了他繪畫的欲望，從那晚起

你一直哭一
直笑一直
都有
想念
的
味道
默默的
向前走
前途
迷茫
我不害臊

一個神奇的人（上） 墨、蠟筆 38x26cm / 2014

蛾的蛻變（下） 墨、蠟筆 56x31.5cm / 2014

他就整天跟在我和老蔣屁股後面，一起出動，早上畫牛驢，白天畫風景，晚上畫人物，回家數著誰身上被跳蚤咬的包多。為了把老蔣畫像，他每晚把老蔣關在他的房間裡，不是讓他坐著就是讓他躺著，變換姿勢輪番轟炸，最後還真弄出幾幅看得順眼的。不過學院的手法加上城裡人的體質，面對老鄉憨糙古樸的形象還是稍嫌稚嫩。於是他開始漸漸改變自己的畫風，學起我和老蔣來。一方水土養一方人，畫畫也是一樣，要想畫好陝北人就要像陝北人一樣憨一樣可愛。還好他先天底子不是那麼太精明，是個可以改造成陝北老漢的苗子。小弟，加油吧，這樣我們就可以做志同道合的朋友囉！

就這樣寫生畫畫，時間過得飛快，有一天晚上村裡來了放電影的，我們搬著小凳子過去，邊看邊畫。那天月亮很大，不用手電筒也能找見夜路，我們看完後走在夜路上，越走越遠，樹影搖蕩在路上，像一汪深色的湖泛起了漣漪。在過河的時候，他拉住我的手向我告白，說他第一天來看到我的畫就喜歡上我了。那兩個小孩蹲著握向日葵的畫，令他覺得「莫名其妙的單純」。而他原先預計自駕遊，一路深入西藏，環繞大半個中國，也因為我在這裡而改變了計畫。不過，誰信啊，老弟（雖說後來知道他比我大一歲），你這樣做是想動搖我這個革命大姊的鬥志吧！

不過我的心確實波動了，往後的日子裡，他回來晚了我會擔心，白天起來總要看看他屋裡的門簾有沒有拉上。他沒有因為被拒絕而灰心喪氣，反而畫得更加起勁，彷彿他那倔強的畫筆要和這黃土地一起舞動，要證明給我看，他不是屁屁的文藝小青年而是要做個有擔當的大畫家。

有天早上，他拿了一根蒼蠅拍給我看，上面停著一個四不像的小怪物，像是半蛾半蟲，像是雌雄同體。牠尾部粗壯得像男人的那一根，往前來回抽送教人難為情。賴嘟嘟的身上，還頂著一坨亮麗的紅黑色毛團，就像蠢蠢欲動地在等著交配。我們看著這小怪物看得入神。過了好一陣子，這小怪物累了，停止了掙扎。牠的黑色尾毛像燒焦過了顯得疲憊。我們估計牠活不久了，既不能飛也不能爬，就把牠放在屋裡的牆角。誰知就在這令人屏息的沉默中，牠又抽送了一次。這次，牠衝破了翅膀，頭從身上的「王」字冒出了。牠奮力抬起了牠的前身。於是，牠的翅膀拍撲了。終於牠飛起了。

在此之前，我沒有這麼深入地接觸過一個人。來魏塔，是要用我的眼光，挖掘魏塔新的一面。然而他的到來，卻給了我一個新的眼光。這幾年來，我熟知了陝北的大小事，但是不是也有一些東西，阻隔在我的視線之外呢？

小怪物完成了蛻變，從奇怪變成奇蹟。我和他，則一同目睹了一個新生命的誕生。在這樣一個特別的時間點，老天安排了這個人與我相遇。他就是小劉，叫劉木童，和我一樣有股傻勁，我們原本是迷茫又苦苦追尋理想的年輕人。成為夥伴後，我們一起創作，一起幫老鄉拍照，幫他們修冰箱，換洗衣機，走到他們的炕頭上，一一聆聽他們的故事。我們都愛這片土地，難說我們不會一起蛻變，然後展翅高飛。

找到一生的伴侶

奇蹟似乎總是眷顧傻人，彷彿上帝第一次點醒還不懂事的亞當。我們的奇蹟也漸漸開始。

小劉開始寫歌，躺在窯洞裡哼出了屬於我們的信天遊。他像是又活過來的少年，咧著嘴帶著瘋長的鬍子，許久未進城讓他更加飽滿自信。他唱著「前途迷茫我不害臊」，因為縱然不知繪畫會把他帶向何方，他仍真誠以為，只要這批畫畫下來，就能成為歷史，就算不是進中國美術史也是進入我們的歷史。身上的顏料被他視為七彩的鎧甲，我們穿著這身鎧甲走村串戶，把原本的風景寫生延伸到各家各戶的炕頭田間，畫著他們心田。漸漸地，從夏天到冬天，他成了魏塔村的一員，我們也成為一對搭檔。

他說我畫的人物苦，把我稱為「苦王」，我說他畫的人壞，叫他「壞種」。兩個自封的武林高手在一個屋簷下創作產生的激情和火花自然是噼啪作響的。他把油畫調色用的松節油倒進了燒火的爐子裡，火舌一瞬間爬起。屋子被烤得暖烘烘的，我們的鬥志也被激得澎湃高昂。他朝那面牆，我朝這面牆，他畫一張，我就要死命地苦整一張一樣的跟他ＰＫ。有時要退遠看看畫得怎麼樣，於是我們背對背不小心撞到了一塊。偶爾我們也會轉過身，偷瞄對方的進度。看了對方畫壞就暗地沾沾自喜；眼看自己要輸了，就收拾東西回到自己窯洞裡，暗地裡埋頭苦幹，誓言出關後要幹掉對方。

山裡的獻花圖 劉木童畫 油畫 83x82cm / 2014

小劉後來跟我說，他在被我拒絕後，心情沮喪，見我似乎待在窯洞，就出門往後山走，走離村子。越過村子最東頭，有個山壁擋住，就在這轉角間，他回憶起我們曾在這裡見到王小慧家的狗小黃在吃死羊，也曾經在這交換過畫野花的速寫，於是他向上天祈求，「如果老天爺能讓我看到她就好了。」結果，一轉過山壁，山套著山，視野開闊起來，而我正坐在地上畫著遠處的山。「那一幕將深深烙印在我的心裡。」他說。

漸漸地，他的技法被他淡忘，而是更直接真誠地表達，而我也在他的窮追猛攻下更加相信自己的直覺。愛就在這裡不知不覺產生了。我們一起烤火泡腳，一起打飯吃飯，一起作計畫，制定新的作戰目標，一起去城裡採購工具顏料，最厲害的是我們一起創造了一個魏塔村最亂的窯洞，這裡有煤氣味，有咖啡味，有顏料味，有松節油味，有來不及倒的尿盆味，有各種大小的畫作，和橫七豎八的畫架，總之一股腦兒地都進了這間窯洞。它就在寫生基地牌匾右手的第二間，是名副其實的「魏塔藝術之家」。

啊，這段一起奮鬥的時光，將會成為我們日後生活多大的養分啊！腦袋裡，能清楚記得每個冰凍的早晨，地上有微雪，陽光打過來些許的微塵，我們拿著速寫本對著驢，毛色鮮亮的少驢也好奇轉過頭來看著你的雙眸，鼻子與你一樣呼出熱騰騰的清氣。當下的每個滾動的瞬間，無一不是明亮、美好的。

曾經，我們是一對最不像村民的村民，最不像畫家的畫家。在留著殘梗的莊稼地上，我們曾瞪大眼睛翻找叢裡不知名的野花，不計形象地學起驢叫。無知者無畏，年輕時總有一些畫是以後畫不出來的。只是撒野歸撒野，當我們走那具體得不能再具體的炕頭上，深入村民的心田，感受他們的命運，我們漸漸都能感覺到村民的無助與自己的無能為力。愛人、同志、伴侶、師友、革命戰友，我們都是，但我們也要得太多了。陝北又一次給我們上了一課，這次是愛情。也許我們最該修成的關係，是像這片大山這些村民一樣，靜靜的相伴。

每天，是他打理我生活上的大小點滴，給我打火爐子，給我在腳底下墊一塊軟墊，讓窯洞地上石磚縫的寒氣不要直接進到腳底。他見過我的蓬頭垢面，見過我受盡風吹日曬日益乾巴的臉龐與皺摺，也知道我在魏塔曾有的孤軍奮鬥。他說，我就像是在沙漠走了很久的一隻獅子，終於碰上了一攤水。

而看著他，這樣一個從小到大都在畫畫的人，我心裡想的是這樣的人「太飄忽」。世間無常，國土危脆，「愛情」這字一出，立馬又讓我聯想到我當初走出的那座光鮮亮麗的文明城市，那裡所有比黃沙漫漫更讓人害怕的變心與脆弱。但是他對我說：「在這樣飄忽的時代，我們能有這樣真摯的感情，難道不算實質嗎？」

前方的路還有很長，感謝的是我遇到一個很萌又很man的伴侶。萌的是真誠天真，不為世俗而放棄良善的東西，man的是願意承擔，願意支持我走畫畫這條苦路，並且願意與我前行。好消息是我們直接越過「交往期」，在陝北的生活就是我們的蜜月旅行。而接下來的生活，我們也將一起修行。

魏塔的家，是藝術之家，是一種真空的純粹。而他承諾給我一個能落腳的家，是世俗人都會有的歸宿。那將是真實的血肉。一邊是天上，一邊是人間。

唱不完的信天遊

吃完最後一頓午飯後，我和老蔣一家人告別。終於我也像寫生基地的其他畫家，踏上了歸途。蔣嫂知道我要上飛機，一袋小米太重拿不了，就特地給我油炸了一袋「雞蛋炸炸」，讓我在路上當點心吃。自從汽車駛下山坡，走離村子的那一刻，我就不斷地眺望，眺望這片黃土地，眺望車窗隔斷的一座座山林。我腦裡浮現的是一張張真實誠懇的臉孔。

老蔣啊，你還會騎摩托車到野地寫生，拔野草擦拭你的油畫筆嗎？蔣嫂啊，妳還是在院裡靜靜撕豆角，靜靜想著遠方的兒女嗎？唉，沒等到張大燕生娃了，也沒等看到魏塔村今年要結的又酸又甜的黑蘋果了。

回想初來陝北，把青春熱血砸在這片大山上，從零開啟我的繪畫之路，直到漸漸和村民打成一片，把畫畫落到實處。最後，拋棄旅人的身分，明白了故事再迷人，生活的進行式才是最該把握的風景。

是自然而然，也是上天的安排，讓我有老蔣這樣一起切磋的好畫友，有小劉這樣志同道合的好夥伴。沒有設想，反而就發生了。一切也許只是因為，我在一個茫然的十字路口，聽從了自己的內心，選擇以自己的方式開了頭。然後，生命就這樣漫不經心地推了我一把，讓我們都經歷了不可思議的轉變。

魏塔村民合照　墨、蠟筆 110x72cm / 2015

這是我想像的一張大合照，既然無法成真，乾脆就用畫筆憑著照片和記憶畫了下來，一了心願。我想，村民和我的故事中有笑有悲，有苦澀有淚水，但最後面對鏡頭，最後留下的一幕，終究還是一笑置之吧。村民依次有：（最前排）王宇旋、王宇傑、魏娃大兒子、蔣子涵、（前排左起）賈猴毛和他孫子、王茅剛、大舅和魏思佳、魏大娘、老佛爺、水牛老子、水牛老子的婆姨、張雲雲媳婦和女兒、鄭喜娃的老子、鄭喜娃的狗、（中排由左至右）魏娃婆姨和小兒子、魏娃、胖老婆、王羊換、我、老蔣、蔣嫂、魏紅婆姨、王花、（後排左起）王五興、小個兒、賈愣、鄭喜娃、賈愣老子、張大燕、馬愣娘子。

假如沒有那孤注一擲的出發，我不可能有這些奇遇。但是，假如沒有這些奇遇，我想我也不會後悔來到陝北。每天一睜開眼，與我們打交道的都將是無數個既平凡又赤裸的現實。但是，凡走過必留下痕跡，四年以來我打交道的每座山每個人，將真真切切屬於我的風景。每一次的接觸，都讓我更加明瞭：實實在在地過生活，珍惜身邊平凡的一切。他們不求回報地教我成長，成全我的繪畫事業，而我只能期許自己，用真誠的目光繼續觀望這世界，並把這些良善的種子，散播在紙上，耕耘出一張又一張的畫作。

我知道人生只有一次，榮幸的是讓這些村民在我生命軸上刻下了印記。只恨自己沒能讓這印記烙印得更深一點，這樣我就能把他們身上的樂天、自在、堅忍移植得更加徹底。

十年後，我將再次回來，重新看看這片我割捨不下的土地，繼續著畫布上的信天遊。但是非得等這麼久嗎？小廖啊，妳打交道的是一群非常質樸的農民啊，妳怎麼好意思離開呢？

都說陝北變了。後山被挖土機推平，村裡的窯洞漸漸被藍白色的彩鋼房取代，古老的風景一點一點流失了。但變的，終究是人心，而不是陝北。從輕快到泥濘，從雄心壯志到平凡走過。回想起這座「寫生基地」，原是一個平凡的小村莊，城裡人下鄉采風的短暫休憩處，於我卻是畫畫的啟蒙處，甚至是改變自己一生的地方。只是最後，我依然是一個不起眼的過客，讓陝北的大山笑看我曾有的經過。老槐樹還在村口，河流依然在冬天結凍。一個個勃發的生命又將化成一顆顆的塵土。不久，隨著年輕人出走，村裡的人都將凋零，凋零得什麼也沒剩下，而我只能自作多情地猜想自己在若干年後，回來這裡細數夜空的星星，走進窯洞，摸著斑駁的石塊，憑弔著這群再平凡不過卻又屹立不搖活下去的陝北人。

此刻，我突然有股想衝回陝北和所有魏塔村民來張大合照的衝動。

後記

回到文明生活的「正軌」，到現在已是兩年了。舉目所見是高樓大廈與車水馬龍。便利商店全天不休地開著，報紙、電視、網路也全天候馬不停蹄地播放著。而我是這樣容易地適應著。事實上，當被問到會不會想念陝北時，我感到更多的是慚愧，對自己家人的慚愧。這幾年來，自己沒有留在父母身邊，父母感覺一年比一年老了。雖說自己經濟上能獨立，但母親工作仍然很繁重，從早上六點到晚上十點。他們勤奮的身影給我樹立了榜樣，也帶來了一些壓力。如今，生活又像是回到了未到陝北前的生活，但背在身上的重擔是更重了。

我的畫畫夢仍然作著，繼續耕耘一張又一張的畫作。我與小劉結婚了，而我們還是固執地想拿畫畫來謀生。面對經濟來源不穩定，現實中的不被理解與嘲諷，與畫畫上想要出人頭地的焦慮交相逼迫，我們活得不比一個陝北農民還輕鬆。是的，我們依然在畫畫，但前方似乎仍像陝北連綿無盡的山，層層疊疊望不到頭。

對陝北的感情，濃縮成一幕幕回憶，一張張照片。想起初到陝北時，一次下雨天，曾看到一隻躲在洞裡的小驢，身體與毛髮被淋濕，全身打顫著縮在牆角。雖然羞澀、天真，卻又是好奇地瞧著洞外的世界。無意間，看到自己帥氣地站在村裡一處結冰瀑布的照片，冰結得厚實堅硬，冰面卻是一層融冰，光滑的鞋面踩在滑溜的冰上，就算只是平移一步都生恐要

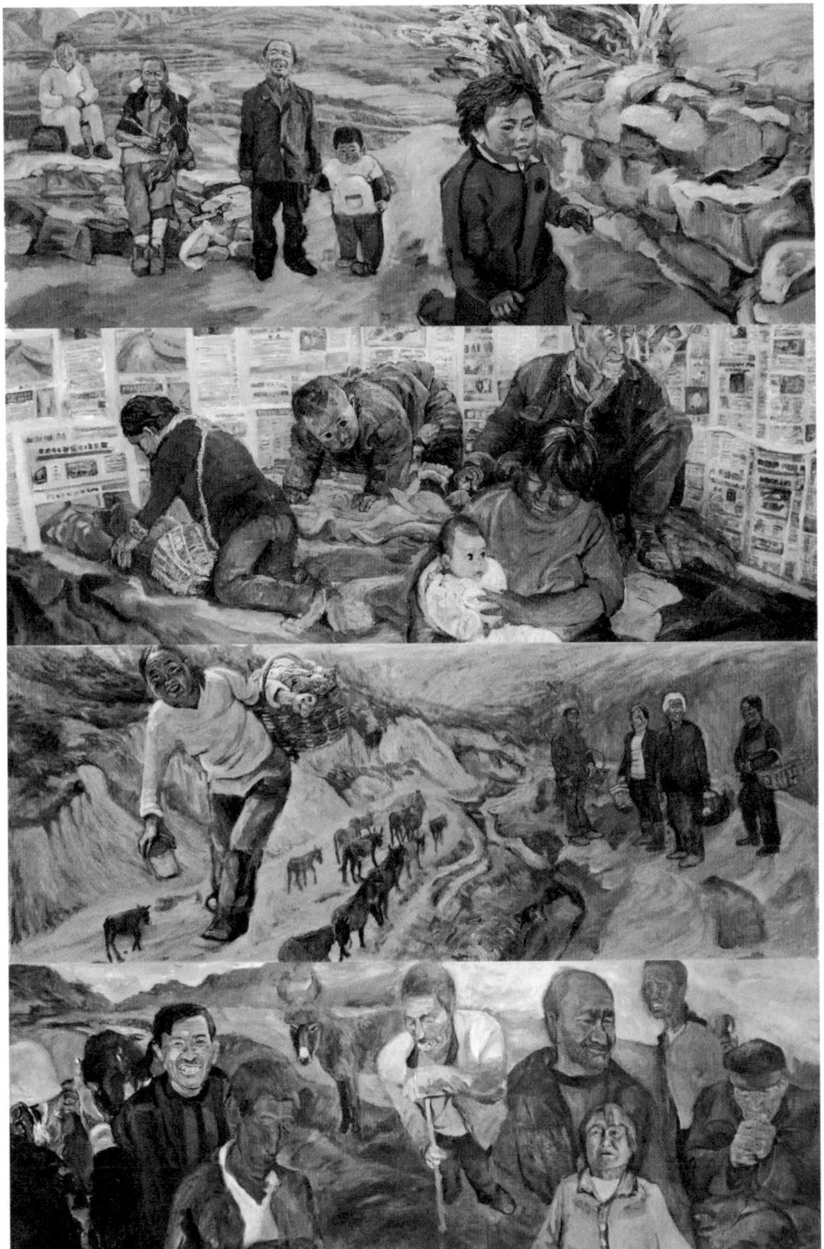

陝北長卷　油畫 145X57cmX4 / 2017

滑倒。我面帶靦腆，心裡怕得要死，面對鏡頭卻是擺出一張神氣英勇的臉。如今我那碎片般的，天真、新鮮、膽怯而又無所畏懼的青春也隨著雨水與滑冰被沖逝了。

現實與回憶交迭。我想起了有一天，在魏塔這樣偏僻的村子，居然還放過一回露天電影。電影放的究竟是什麼，早已忘記了，至於村民搬著小椅凳來到王二娃家的大院子前，其實也沒在看電影，而是自個兒湊著，拉著白天未拉完的話。在我旁邊的三輪蹦蹦裡，站著一個小娃娃，撥弄著手電筒。結果他摸開了開關，哪也不照，就往自己的臉上一照，兩眼直瞪著這射出來的強光，搞得圍著的婆姨都笑壞了。我看到這娃臉上滿是新奇，非要一探究竟不可，就像我第一次來陝北，總是如飢似渴地在這塊貧瘠的大地上追尋每個發亮的東西。

因為這雙青春發亮的眼睛，我照下了一疊子的陝北照片，邊邊角角，凌凌亂亂，迎面而來碎裂的笑臉，倉卒走過的牛驢，一撮小花與雜草，毫無邏輯地散落在一個大袋子裡。說不清楚自己為何而拍，只因我也不是為了做田野考察而到陝北。記得初來陝北，拿著口袋裡的速寫本，充滿發現新大陸的觀察熱情，隨手拈來隨走隨畫，尋著那些血肉的生命氣息。如今我也拿起了油畫筆，畫著這一疊子散落的照片，隨拿隨畫。只是這些人物碎片，在我心底卻變得更加鮮活、更加真實。他們現在更像是一個個生命團聚在黑暗洞口，組成一串連綿的生命長卷。「生命是什麼？人活著又是為了什麼？」記得出發前這是我的疑問，如今，我與他們似乎分不清楚誰是誰。

記得以前畫陝北時嚮往崇高的「人道主義」、「人文關懷」，現在看來卻遺留著一絲上對下的姿態。我不再「同情」著這些陝北人，只因為我赫然在他們的臉上瞥見了自己。他們身上烙印的愛恨、迷惘、焦慮，在我身上也有。受苦人盼的是好光景，而我也在摸黑的洞口張大眼睛抓著微弱的光，像個蛹在黑暗裡等待蛻變為亮麗的蝴蝶，遊向天空。

陝北，代表我心裡那既堅強而又脆弱的一面，崇高與卑下在拉鋸竄動著，現實與夢想在糾結著。我仍然在作著藝術夢，與時代的潮流背道而馳。但是不知不覺間，陝北人已沉澱成我身體的一部分，陝北人的樂天刻苦已滲入我血液裡。是的，我依然是在畫陝北。只是現在，我也是在畫我自己。

所以，最後是革命之路，還是平凡之路？也許都不是，而是始終往後倒著走，一條永遠的向心之路。一切像是回到了原點，只是離自己的心更近了一些。是向心，也是勇往直前。我和小劉仍然像陝北人，在現實這塊比陝北還貧瘠的大地固執地耕耘著，堅持撒播樸素和真誠的種子，赤手空拳地鋤著畫畫的田地，堅定相信著光明的救贖。

劇已落幕，曲終人散，而我卻彷彿看到畫面中的人物正在緩緩走來。

國家圖書館出版品預行編目資料

種畫的人：我在黃土高原，革自己的命 / 廖哲琳著. -- 初版. -- 臺北市：皇冠，2018.02
面；　公分. --（皇冠叢書；第4679種）(Party ; 80)
ISBN 978-957-33-3364-7（平裝）

1. 旅遊文學 2. 中國

690　　107000895

皇冠叢書第 4679 種
Party 80

種畫的人

我在黃土高原，革自己的命

作　　者—廖哲琳
發 行 人—平雲
出版發行—皇冠文化出版有限公司
台北市敦化北路 120 巷 50 號
電話◎ 02-2716-8888
郵撥帳號◎ 15261516 號
皇冠出版社（香港）有限公司
香港上環文咸東街 50 號寶恒商業中心
23 樓 2301-3 室
電話◎ 2529-1778　傳真◎ 2527-0904
總 編 輯—龔橞甄
責任主編—許婷婷
責任編輯—陳怡蓁
美術設計—王瓊瑤
著作完成日期— 2017 年 9 月
初版一刷日期— 2018 年 2 月

法律顧問—王惠光律師

讀者服務傳真專線◎ 02-27150507
電腦編號◎ 408080
ISBN ◎ 978-957-33-3364-7
Printed in Taiwan
本書定價◎新台幣 380 元 / 港幣 127 元

本書經由中國廣西師範大學出版社授權出版。